Yael Nachshon Levin
Anja Reich

Getauschte
Heimat

Yael Nachshon Levin
Anja Reich

Getauschte Heimat

Ein Jahr zwischen Berlin und Tel Aviv

Übersetzung
der Briefe von Yael Nachshon Levin
aus dem Hebräischen von Ruth Achlama

MIX
Papier aus verantwor-
tungsvollen Quellen
FSC® C083411

ISBN 978-3-351-03797-0

1. Auflage 2019
© Aufbau Verlag GmbH & Co. KG, Berlin 2019
© Yael Nachshon Levin, Anja Reich 2019
Einbandgestaltung zero-media.net, München
Gesetzt aus der Whitman durch Greiner & Reichel, Köln
Druck und Binden CPI books GmbH, Leck, Germany
Printed in Germany

www.aufbau-verlag.de

Berlin, 24.3.2018

Liebe Yael,
ich sitze in meiner leeren Wohnung im Prenzlauer Berg und weiß nicht, wo mir der Kopf steht. Morgen ziehen wir nach Tel Aviv, unsere Sachen wurden vor einer Woche abgeholt, sie sind jetzt am Hafen, vielleicht auch schon auf dem Schiff. Alles, was ich noch hier habe, passt in einen Koffer: zwei Hosen, zwei Pullover, zwei Paar Stiefel, zwei Röcke, zwei Shirts, ein Badeanzug. Wintersachen für Berlin, Sommersachen für Tel Aviv. In Berlin hat es gerade noch geschneit, in Tel Aviv sind es 33 Grad, wenn wir ankommen.

Am Sonntag habe ich mich von der Familie verabschiedet, gestern von meinen Kollegen. Alle fragen, ob ich mich freue. Ich sage: »Ja, schon«, und denke, dass »freuen« das falsche Wort ist. Ich fahre ja nicht einfach für zwei Wochen in den Urlaub, ich werde dort leben und arbeiten und habe keine Ahnung, was das bedeutet. Als mein Mann und ich im Oktober dort waren, um ein Gefühl für das Leben zu bekommen, wollte ich gleich wieder abreisen. Wir sind nachmittags gelandet, sind mit dem Taxi zum Airbnb-Apartment gefahren, das sich, so stand es in der Beschreibung, in einem wunderschönen Bauhaus-Gebäude in einem der angesagtesten Viertel Tel Avivs befand. In der Beschreibung stand nicht, dass das Apartment im Keller lag und kein Tageslicht reinkam.

Wir sind schnell rausgegangen, auf die Straße, wir hatten Hunger und suchten uns ein Restaurant. Das machte die Sache nicht besser. Das Restaurant war voll, das Essen gut, aber wir fühlten uns ausgeschlossen. Alle um uns herum sprachen Hebräisch, nur wir nicht. Es ist nicht so, dass wir das nicht vorher wussten. Aber in dem Moment, als wir da saßen, zwei Deutsche in Tel Aviv, die nicht verstanden, worüber sich das Paar am Nachbartisch stritt, dachte ich: Das ist die größte Schnapsidee aller Zeiten. Ich sagte zu meinem Mann: »Ich kann das nicht, ich schaffe das nicht.« Er sagte: »Wir gehen erst mal schlafen und sehen dann weiter.«

Am nächsten Morgen schien die Sonne, das Kellerapartment in Tel Aviv war lichtdurchfluteter als unsere Berliner Dachgeschosswohnung zu dieser Jahreszeit. Wir setzten uns in ein Straßencafé und tranken Cappuccino, um uns herum wurde Hebräisch gesprochen, aber auch Französisch und Englisch. Die Straßen waren voll, die Autos hupten, die Leute rannten, telefonierten, tippten auf ihren Handys, selbst am Strand lag niemand einfach nur auf der Decke und sonnte sich. Alle waren in Bewegung. Wir schienen die Einzigen zu sein, die Zeit hatten, die einfach nur so durch die Stadt liefen, und irgendwie übertrug sich die Energie der Menschen auf uns, sie steckte uns an.

Als wir zurück nach Berlin flogen, hatten wir keine Zweifel mehr. Nun ja, fast keine Zweifel. Ich sitze in der leeren Küche, die Sonne scheint durch die Fenster, und ich denke daran, wie schön Berlin ist. Die Stadt wird mir fehlen, meine Freunde, meine Familie, meine Kollegen, die schnippische Bäckersfrau, der mürrische Busfahrer.

Auch du wirst mir fehlen, Yael, obwohl wir uns noch gar nicht lange kennen. Wir haben uns über eins dieser Nachbarschaftsnetzwerke kennengelernt, im Internet. Ich habe gesehen, dass ihr genau gegenüberwohnt, und gefragt, ob wir uns mal treffen wollen. »Sehr gerne«, hast du geantwortet. Ihr wart bei uns zu Besuch, wir bei euch, ich habe deine Eltern kennengelernt, deine Mutter, eine Architektin, die uns gleich ihre Hilfe angeboten hat, und deinen Vater, der erzählt hat, dass er aus Jaffa kommt, dem Viertel, in das wir ziehen werden.

Von meinem Wohnzimmerfenster aus kann ich in dein Wohnzimmer gucken. Ich sehe, wie dein Mann Aharon telefoniert, wie du auf dem Balkon rauchst, wie deine Kinder auf dem Teppich spielen. Eine ganz normale Tel Aviver Familie in Berlin! Wer hätte das gedacht, dass Menschen wie du diese graue, kalte Stadt mit ihrer schrecklichen Geschichte ihrer sonnigen, warmen Heimat vorziehen!

Du hast mir gesagt, ihr habt es nicht mehr ausgehalten in Tel Aviv, diese ständige Anspannung, die Angst, dass wieder etwas passiert. Aber so richtig verstehe ich es immer noch nicht. Tel Aviv ist deine Heimat, und Terroranschläge gibt es auch hier. Warum bist du weggegangen? Erklär es mir! Schreib mir, wie es für dich war, Abschied zu nehmen, und wie du in Berlin angekommen bist, ob du hier angekommen bist. Ich freue mich auf deine Mail. Sie wird mich, wenn alles gut geht, bereits in Tel Aviv erreichen.

Deine Anja

Berlin, 31.3.2018

Liebe Anja,
ich hoffe, dass alles wie geplant lief und du meinen Brief liest, während du bei 30 Grad und dem Geruch von Meer in deinem neuen Zuhause in Jaffa sitzt. Israelischer Frühling. Ehrlich gesagt, beneide ich euch ein wenig. Vor allem jetzt, Ende März, wo ich in meinem Arbeitszimmer im Prenzlauer Berg sitze und es draußen schneit.

Deine Eindrücke von Tel Aviv sind mir vertraut. Es kann die wunderbarste Stadt der Welt sein und vor Leben nur so sprühen, aber auch ein Ort, der einzustürzen droht, an dessen Häusern die Farbe abblättert, der rastlos ist und anstrengend. Offenbar hängt es davon ab, in welchem Moment seines Lebens man die Stadt betrachtet. Deine Eindrücke, dass Tel Aviv schnell ist und unruhig, gleicht meiner Gefühlslage vom Sommer 2014.

Damals brodelte es. Die israelische Militäroperation »Starker Fels« war auf ihrem Höhepunkt, im Schatten herrschten 40 Grad. Es ging in jeglicher Hinsicht heiß her. Das Leben in Tel Aviv ist wie in einer Blase, und normalerweise schafft es nicht einmal eine Intifada, diese Blase zu durchdringen, die Leute hier kümmern sich nicht darum, ob irgendwo gerade Luftschutzalarm ist oder nicht. Aber in jenem Sommer mussten wir in glühender Hitze mit den Kindern an der Hand in die Luftschutzkeller rennen.

Damals begann Aharon von einem Umzug nach Berlin zu reden. Er besitzt die deutsche Staatsbürgerschaft, und bei seinem letzten Besuch hatte er sich schlichtweg in die

Stadt verliebt. Ich ignorierte ihn, ich wollte nicht weg. Trotz der Schwierigkeiten, trotz der Spannungen liebe ich mein Zuhause, mein Land, mein ha-Aretz. Erinnerst du dich, wie ich dir erzählte, dass die Israelis Israel als »ha-Aretz« bezeichnen, als »das Land«? So, als wäre es der einzige Flecken Erde auf der Welt?

Mein zweiter Sohn war erst im Jahr zuvor geboren, ich brauchte Struktur in meinem Leben, keine Veränderungen. Doch dann erhielt ich die Krebsdiagnose, und unser Leben änderte sich ohnehin. Schlagartig lösten sich unsere Gespräche über einen Umzug in Luft auf, es ging jetzt ums Überleben, ums persönliche und ums familiäre. Nach einem harten Jahr hatte ich im Winter 2015 (wenn man 20 Grad Winter nennen kann) die Chemotherapie hinter mir und begann mich zu erholen. Erneut kam die Rede auf Berlin. Jetzt war ich dazu bereit, jetzt konnte ich mir vorstellen, ein neues Kapitel aufzuschlagen.

Im März 2016 flogen wir nach Berlin. Für mich war es das erste Mal. Innerhalb von fünf Tagen wollten wir eine Wohnung und einen Kindergarten finden. Es war nass, grau und kalt. Wir rannten voller Energie von hier nach da, von da nach dort. Die Stadt schien mir riesig, düster und zurückhaltend. Keiner hatte Lust darauf, mit uns Englisch zu sprechen, keiner hatte Lust zu lächeln. Eine Wohnung fanden wir auch nicht.

Ich war völlig verzweifelt und wollte nach Hause. Eine letzte Wohnung wollten wir uns noch ansehen. Wir gingen durch den Park. Die kahlen Bäume, der zugefrorene See, der verlassene Spielplatz munterten mich mitnichten auf. Doch dann betraten wir jene Wohnung, die deiner gegenüberliegt, die Wohnung, in die wir fünf Monate später einziehen sollten, zu einer Zeit, als der Park in voller Pracht stand, Enten im See schwammen, unsere Kinder nackig am Ufer herumtollten. Und all das nur einen Katzensprung von der neuen Wohnung entfernt. Kein Vergleich zu den heruntergekommenen Parks von Tel Aviv.

Offenbar kann man auch Berlin auf verschiedene Art erleben. Alles hängt vom Blickwinkel und vom Zeitpunkt ab. Es gibt noch viel zu erzählen. Das mache ich im nächsten Brief. Erzähl du mir, wie es dem Meer geht. Vielleicht habe ich danach die größte Sehnsucht.

Deine Yael

Aus dem Hebräischen von Ulrike Harnisch

Tel Aviv, 7. 4. 2018

Liebe Yael,
ich hätte nie gedacht, dass ich es einmal kaum erwarten kann, in den Gazastreifen zu fahren. Gaza, dachte ich, besuche ich nach ein paar Wochen oder Monaten, wenn ich richtig in Israel angekommen bin. Ich weiß noch, wie mir eine Kollegin, die lange hier als Korrespondentin gearbeitet hat, vorschlug: »Und wenn du da bist, fahren wir mal zusammen in den Gazastreifen, und ich stelle dir meinen Stringer vor.« Stringer sind Rechercheure vor Ort, sie nennen sich meist beim Vornamen und werden cash bezahlt. Ich dachte, das wird ein interessantes Abenteuer: zwei Frauen und ein Stringer in Gaza.

Das war vor dem »Marsch der Rückkehr«, vor den Protesten von 30 000 Palästinensern an der Grenze, vor den Schüssen der israelischen Scharfschützen – eine andere Zeit.

Vergangenen Freitag holten wir unsere Tochter vom Flughafen ab, wir freuten uns auf Ostern, ein paar ruhige Tage in unserem neuen Zuhause. Als wir zu Hause ankamen, meldeten die Nachrichtendienste die ersten toten Palästinenser. Eine Stunde später waren es vier, fünf, sechs. Jedes Mal, wenn ich ins Internet sah, war die Zahl der Opfer gestiegen. Wir sahen uns an, erschrocken, ratlos, wir wussten nicht, wie es weitergeht, wie wir uns verhalten sollten.

Gaza ist nur 70 Kilometer von Tel Aviv entfernt, eine Autostunde, aber in der Stadt war von den Unruhen nichts zu merken. Die Tel Aviver bereiteten sich auf das

Pessachfest vor, am Meer warnten Ansagen vor dem Baden am unbewachten Strand, im Autoradio liefen israelische Volkslieder. »Pessach Sameach«, rief der Moderator. »Fröhliches Pessach!« Die Zahl der Toten lag inzwischen bei 10. Am Abend waren es 16.

Ich musste an dich denken, Yael, deinen letzten Brief, in dem du mir von der Tel Aviver Blase erzählt hast. Das Phänomen kenne ich, das Bedürfnis, abzuschalten, nichts Beunruhigendes hören zu wollen, in der Hoffnung, dass sich schon alles irgendwie wieder einrenkt. Aber so extrem wie hier habe ich es noch nie erlebt. An jenem Freitag konnte ich das erste Mal verstehen, warum ihr hier wegwolltet, warum ihr euch in Berlin so wohlfühlt. Das war auch mein erster Reflex: Zurück nach Hause! Was um Himmels willen wollen wir hier! Der zweite war, nach Gaza zu fahren, mit eigenen Augen zu sehen, was dort passiert, und nicht den Berichten von anderen zu vertrauen, von denen man nicht weiß, auf welcher Seite sie stehen. Jeder steht hier auf einer Seite. Auch das habe ich selten so extrem erlebt.

Allerdings ist das mit dem Losfahren diesmal nicht so leicht. Gaza ist abgeriegelt, selbst Journalisten können nicht einfach so rein. Die Öffnungszeiten entbehren jeglicher Logik. An manchen Tagen ist der Grenzübergang bis 13 Uhr geöffnet, an anderen gar nicht. Übers Wochenende hat Gaza geschlossen, von Donnerstag bis Sonntag kommt man weder rein noch raus. Außerdem braucht man zwei Presseausweise, einen von der Hamas, einen von den Israelis. Der von der Hamas war schnell zu besorgen, den israelischen habe ich vor zehn Tagen beantragt und warte immer noch darauf. Die Regierungsbüros haben über Pessach geschlossen, Pessach geht neun Tage. So lange bin ich dazu verdammt, in der Blase zu bleiben.

Es gibt Schlimmeres, die Blase ist ein Traum, gerade jetzt, im Frühling. Wenn ich in Jaffa am Meer spazieren gehe, sehe ich Juden und Araber mit ihren Familien auf der Wiese sitzen. Katzen streichen herum, die Bäume blühen, das Wasser ist schon fast warm genug zum Baden. Manchmal donnert ein Militärflugzeug durch die Wolken Richtung Süden, Richtung Gaza. Niemand schaut zum Himmel, niemand scheint es zu sehen außer mir. Ein Mann sagte mir neulich, es gebe in Israel zwei Sorten von Menschen: die, die Nachrichten lesen, und die, die alles um sich herum ignorieren. Ist das so? Und wenn ja, zu welcher Sorte Israelis gehörst du?

Ach Yael, ich würde jetzt gerne mit dir über alles reden. Es ist Abend, ich sitze in der neuen Wohnung, höre auf die fremden Geräusche im fremden Land und denke an Berlin.

Deine Anja

Berlin, 15.4.2018

Liebe Anja,
heute Morgen habe ich deinen Brief erhalten. Ich war schon ganz gespannt darauf und nicht überrascht, dass er diesmal etwas »heftiger« war. Die bedrohliche Situation im Gazastreifen im Kontrast zur feierlichen Pessach-Stimmung in Israel ist wirklich bizarr und schwer zu verdauen. Vor allem für jemanden wie dich, der gerade erst in Israel gelandet ist. Du bist die Extreme, die für uns Israelis untrennbarer Bestandteil des Lebens sind, nicht gewohnt. Der Gedanke an dich in Jaffa erinnert mich an Situationen, die mir leider seit Langem vertraut sind.

Meine Kindheit, meine Jugend und mein Leben als Erwachsene in Tel Aviv sind geprägt von Militäraktionen, Terroranschlägen, Besatzungen, Korruptionsaffären, Demonstrationen, Kriegen, die einhergehen mit Geburtstagen, Hochzeiten, Feiertagen, Urlaub, Familie, Musik, Karriere, gutem Essen, dem Meer und dem Leben. Wir nennen es das »Tel Aviver Glashaus«. Es mag sich unter Umständen nicht so sehr von anderen Orten der Welt unterscheiden.

In einem solchen »Glashaus« gibt es stets echte Menschen mit echten Leben, und das ist nicht unbedingt schlecht, weil dieses Leben auch ein Schutz ist und weil wir in der Zeit, in der wir »unter Schutz stehen«, versuchen können, etwas Besseres zu schaffen, eine bessere Zukunft zu gestalten. Ich habe das Gefühl, dass Berlin mir momentan ein solches Glashaus bietet. Die Distanz zu Israel hilft mir, eine neue Verbindung zu knüpfen, Israel von außen zu sehen. Und das nicht nur, weil ich ein Teil davon bin und mich die inneren Probleme dort beschäftigen.

Du hast gefragt, ob ich zu der Art von Leuten gehöre, die die Nachrichten ständig verfolgen, oder ob ich sie eher meide. Zugegebenermaßen Letzteres. Ich lese keine Zeitungen und sehe keine Nachrichten. Ich verlasse mich darauf, dass die wichtigen Nachrichten mich erreichen, ohne dass ich nach ihnen suche. Außerdem habe ich das Gefühl, dass bei den israelischen Medien keine Transparenz herrscht, dass die politische Korruption auch hier angekommen ist und wir durch eine ganz bestimmte Berichterstattung gesteuert werden.

Wie du geschrieben hast, hat jeder hier seine eigene Wahrheit. Und diese Wahrheit resultiert aus einem engen, subjektiven und interessenbedingten Blickwinkel, der mit Transparenz und Klarheit wenig zu tun hat. Gibt es die überhaupt noch in dieser Welt?

Während ich dir schreibe, kommt mir ein Lied in den Sinn, das ich liebe. Es heißt: »Wo man weit sieht und klar.« Yankele Rotblit hat den Text geschrieben, Shmulik Kraus die Musik. Wie es sich für ein gutes Lied gehört, gelingt es ihm, alles, was zu sagen ist, auf wenige Zeilen zu verdichten. Ich will dir hier die erste Strophe schreiben. Schade, dass man in der Zeitung nicht singen kann, sonst würde ich es dir vorsingen:

Es herrschte solche Enge
Dass mich trieben die Zwänge
Meine Flügel auszubreiten und unaufhaltbar
An einen Ort
Wie den Berg Nevo zu gleiten
Wo man weit sieht und klar.

Anja, seit wir begonnen haben, uns zu schreiben, finde ich Worte für das Gefühl von Fremdheit, das mich seit unserem Umzug begleitet. Gleichzeitig wächst in mir das Gefühl der Zugehörigkeit. Du bringst mir Tel Aviv und auch Berlin näher. Der Frühling ist endlich in deine Stadt eingekehrt. Die Kirschbäume in deiner, in unserer Straße beginnen in einem verrückten Rosa zu blühen. Die Tage werden länger. Die Temperaturen steigen. Die Geschäfte sind voll, und auf den Bürgersteigen sprießen die Tische der Cafés aus dem Boden wie Pilze nach dem Regen. Wo haben sich all die Leute den ganzen Winter über bloß versteckt?

Deine Yael

Aus dem Hebräischen von Ulrike Harnisch

Tel Aviv, 21.4.2018

Liebe Yael,
in deinem Brief schwingt eine Melancholie mit, die, wenn man Israel noch nicht so gut kennt, gar nicht hierherzupassen scheint. Die meisten Menschen, die ich treffe, sind ganz anders als du: härter, schneller, unnahbarer. Vielleicht hat das damit zu tun, dass ich derzeit viel Zeit auf Flughäfen und Ämtern verbringe und oft mit eiskalten Blicken fixiert werde. »Was machen Sie in Israel? Für wen arbeiten Sie? Wo wohnen Sie? Wie haben Sie die Wohnung gefunden? Wen kennen Sie in Israel?«

Ich versuche, das Misstrauen nicht persönlich zu nehmen, so ruhig zu antworten, als ginge es um die 100 000-Euro-Frage in einer Quizshow, und freue mich über jede menschliche Reaktion. Wenn ich den Sicherheitsbeamten am Flughafen sage, dass ich nach Israel ziehe, leuchtet ein Lächeln auf. Neulich hat mich eine Frau bei der Kontrolle nach dem Namen meines Vaters gefragt. Ich schluckte, mein Vater ist seit 20 Jahren tot, ich kann mich nicht daran erinnern, wann ich seinen Namen das letzte Mal ausgesprochen habe. »Er lebt nicht mehr«, sagte ich. Die Sicherheitsbeamtin sah mich an, weicher plötzlich. Das tue ihr leid, sagte sie und wünschte mir viel Glück in Israel.

In solchen Momenten denke ich daran, dass du mir geschrieben hast, wie Terror und Kriege dein Leben bestimmt haben, und ich sehe dann die Menschen hier mit anderen Augen. Ich frage mich, was sie erlebt haben, wie sie so hart geworden sind und ob ich auch so werde, wenn ich eine Weile hierbleibe. Ich habe den 11. September 2001 in New York erlebt und war als Reporterin in der Nacht, als ein Terrorist mit einem Laster in den Weihnachtsmarkt raste, am Breitscheidplatz, ich habe manchmal Flugangst und mache mir Sorgen, wenn meine Tochter nachts nicht nach Hause kommt, aber der permanente Zustand von Angst und Bedrohung ist mir fremd. Auch die dazugehörigen Rituale sind es.

Ich weiß nicht, wie ich mich verhalten soll, wenn hier plötzlich Sirenen Gedenkminuten einleiten und alle erstarren, als wären sie mit einem Zauberstab berührt worden. Dreimal habe ich das in der letzten Woche erlebt. Das erste Mal, am Holocausttag, war ich am Flughafen Schönefeld und für einen Moment aus der Schlange getreten, um mir eine Zeitung zu kaufen. Eine Sirene ertönte nicht, aber aus dem Augenwinkel sah ich, wie die israelischen Sicherheitsleute plötzlich zur Seite traten, sich an den Händen fassten, die Köpfe senkten und die Augen schlossen. Ich senkte auch meinen Kopf, in dem Moment rief die Brandenburger Kassiererin: »Eins fuffzig, bitte!«

Das zweite Mal, am Vorabend des Gedenktags der Gefallenen, war ich gerade auf dem Weg zur israelisch-palästinensischen Gedenkfeier, die fast ins Wasser gefallen wäre, weil der Verteidigungsminister die Palästinenser nicht über die Grenze lassen wollte. »Die Palästinenser sind da«, rief eine Frau und winkte aufgeregt einem Bus zu, der neben uns zum Stehen kam. Ich blickte zum Bus, versuchte, hinter den dunklen Scheiben Gesichter zu erkennen. Als ich mich wieder umdrehte, war die Welt eine andere. Alles stand still, die Autos, die Menschen, auch die Frau, die gerade noch gerufen hatte, sah mit ernstem Gesicht Richtung Himmel. Ich war die Einzige, die sich noch bewegte, eine Deutsche, die den Palästinensern nachschaute.

Am nächsten Tag hörte ich wieder die Sirene. Es war vormittags um elf, Gedenktag der Gefallenen. Ich war gerade mit Alex, meinem Mann, in der Küche und dachte, dass es seltsam ist, wenn wir hier beide ganz allein neben dem Kühlschrank strammstehen. Ich nahm den Schlüssel, wir rannten raus auf die Straße. Sie war so leer wie immer, nur ganz vorne an der Ecke stand ein einzelner Mann neben seinem Moped. In diesem Moment hörte die Sirene wieder auf.

Das war es mit den Gedenkminuten, nun wird gefeiert: 70 Jahre Israel. An jeder Laterne hängen Fahnen, noch nie habe ich so viele Fahnen gesehen, nicht mal in der DDR, nicht mal in Amerika nach dem 11. September. Und wieder fühle ich mich fremd und deutsch, weil ich gerne mitfeiern würde, aber nicht kann, und ich stelle mir vor, wie es für dich in Berlin sein muss, wie es ist, als Israelin zwischen Deutschen zu leben.

Deine Anja

Berlin, 28.4.2018

Liebe Anja,
bei deinem letzten Brief musste ich lachen, was du sicher nicht beabsichtigt hattest. Ich lachte, als du die Befragung auf dem Flughafen beschriebst. Das hörte sich plötzlich an wie die Kurzfassung meines Alltags in Israel. »Wo wohnst du? Wie alt bist du? Warum hast du nicht geheiratet? Warum hast du keine Kinder? Warum hast du Kinder? Was hast du für das und das bezahlt...?«

In Israel mischen sich alle in alles ein. Jeder meint das Recht zu haben, alles zu erfahren, seine Ansicht zu äußern, mitzumischen. Privatleben und Privatsphäre sind Dinge, von denen ich erst in Berlin merkte, wie sehr sie mir vorher gefehlt hatten.

Zum zweiten Mal lachte ich, weil du die Israelis als »harte« Menschen bezeichnest. Lustig, dass das alles eine Frage der Perspektive ist, denn »hart« fand ich die Deutschen, als wir gerade erst angekommen waren. Israelis können aggressiv, emotional, hitzköpfig sein, aber »hart« würde ich sie nicht nennen. Und da ich keineswegs deine Gefühle abstreiten möchte, meine ich, »hart« ist einfach die Fremdheit – von Menschen umgeben zu sein, deren Sprache und Gepflogenheiten man nicht versteht.

Drittens lachte ich bei der Vorstellung, wie dich all diese Sirenen verwirren. Als Kind hatte ich in meiner Fantasie einmal die Vorstellung, die ganze Welt stände einige Minuten lang still und ich könnte seelenruhig zwischen den erstarrten Menschen umhergehen. So sah ich dich und Alex während der Gedenksirenen vor mir: Wie ihr euch fortbewegt in einer Welt, die jäh erstarrt ist. Sogar ich, die diese Rituale von Geburt an mitmacht, erschrecke immer wieder beim Aufheulen dieser Sirenen. Einerseits ist der mechanische Aufruf zum synchronen Gedenken, Trauern und Sehnen alles andere als natürlich. Andererseits strahlt ein Volk, das gleichzeitig stumm innehält, enorme Stärke aus.

Schon zum zweiten Mal war ich am Gedenktag für die Gefallenen nicht in Israel. Für meine Familie ist es ein wichtiger und sehr emotionaler Tag. Mein Onkel mütterlicherseits starb 1973 im Jom-Kippur-Krieg. Seit ich denken kann, verlassen wir am Vorabend des Gedenktags allesamt, adrett in weißen Hemden oder Blusen, gegen 19.30 Uhr das Haus und gehen zum Ehrenmal, um an der Gedenkfeier teilzunehmen. Seit ich sechzehn bin, singe ich dabei mit, Jahr für Jahr. Zwei Jahre war ich nun nicht dabei. Für meine Mutter und meine Großmutter ist das sicher nicht leicht. Auch mir fiel es diesmal sehr schwer, so weit weg zu sein, zumal es den Anschein hat, als sei all das, wofür mein Onkel gestorben ist, im Verschwinden begriffen.

Und da ich schon einmal über Trauer schreibe, möchte ich anfügen: Es tut mir leid, dass dein Vater vor zwanzig Jahren gestorben ist. Jetzt erst wurde mir bewusst, dass ich dich nie nach deinen Eltern gefragt habe.

Seit unserem Umzug nach Prenzlauer Berg muss ich häufig an unsere Vorbewohner hier denken. Lebten in diesem Haus einst Juden, die flüchten mussten oder deportiert wurden? Und nach dem Krieg, vor dem Mauerfall – was war da? Wie war es hier?

Du hast gefragt, wie es ist, als Jüdin in Berlin zu leben. Das ist eine gute Frage. Denn die Antwort ist ambivalent. Einerseits fühle ich mich sehr wohl, sicherer denn je, ruhig und frei. Andererseits kann man die zeitliche Dimension nicht ausblenden. Würde man die Uhr nur 78 Jahre zurückdrehen, würde mir mein Aufenthalt hier wohl den Tod bringen.

Diese Woche bin ich nach langer Pause wieder zum Deutschunterricht gegangen. Was habt ihr bloß für eine schwierige Sprache! Aber schön und vielfältig ist sie auch. Am liebsten rede ich in den Pausen mit meinen syrischen Freunden. Die meisten können kein Wort Englisch, sodass wir notgedrungen auf Deutsch radebrechen müssen. Deutsch mit mediterranen Gesten – eine perfekte Mischung. Echt traurig, dass ich erst nach Berlin fahren musste, um mit Syrern zu sprechen, Menschen, die mein ganzes Leben lang meine Nachbarn gewesen sind.

Deine Yael

Tel Aviv, 5.5.2018

Liebe Yael,
ich nehme alles zurück, was ich neulich über die Israelis geschrieben habe: wie hart sie mir vorkommen, wie kühl. Ein Tag reichte, um mich zu bekehren.

Es war ein sehr heißer Tag, das muss man dazusagen. Und alles ging schief. Erst kamen unsere Sachen aus Berlin an. Nach mehr als zwei Monaten stand der Container endlich vor der Tür. Nur ging die Klingel nicht. Die Umzugsleute wären fast wieder abgefahren, wenn uns Itay, unser Nachbar, nicht von oben zugerufen hätte: »Der Umzug ist da!«

Ich öffnete die Tür, drei Männer schleppten Kartons und Möbel ins Haus. Als sie fertig waren, legten sie eine Liste auf den Tisch und sagten: »Bitte hier unterschreiben!« Alex nahm den Stift, ich sagte: »Warte mal! Wo ist eigentlich die Espressomaschine und mein blaues Kleid und mein Schmuck?«

Die Männer zuckten mit den Schultern. »Container leer. Alles da. *Vsjo jest.*« Sie sprachen Russisch. Sie sahen auf die Uhr, sie wollten weiter, sie hatten es eilig. Wir sollten endlich unterschreiben. Alex sah mich an. Ich schüttelte den Kopf. Eine Weile standen wir alle so da. Dann nahmen die Männer die Kartons und schütteten sie auf unserem Bett aus, Schuhe, Kleider, Mäntel.

»Moment mal! Mäntel?«

Die Berliner Umzugsleute mussten die Kartons vertauscht haben. Die Wintermäntel, die eingelagert werden sollten, waren im hochsommerlichen Tel Aviv angekommen, aber nicht meine Sommerkleider. Auch Alex' kurze Hosen fehlten, wie er inzwischen festgestellt hatte. Ratlos standen wir vor dem Kleiderhaufen, bis einer der Männer zum Container zurückging und rief: »Kartons, mehr Kartons!« Die anderen liefen hinterher und kamen freudestrahlend mit den fehlenden Kartons zurück. Alles war da, der Schmuck, die Espressomaschine, mein blaues Kleid, Alex' Shorts.

Die Männer legten wieder die Liste auf den Tisch und guckten dabei so stolz, als hätten sie uns gerade einen großen Dienst erwiesen. Alex unterschrieb. Die Männer blieben stehen.

»Trinkgeld«, sagte einer.

Wir sahen zum Kleiderhaufen auf dem Bett und gaben ihnen 200 Schekel. Sie gingen, wir begannen mit dem Aufräumen. Nach einer Weile hatten wir Hunger. Ich nahm meine Tasche und lief in den kleinen Laden um die Ecke. An der Kasse stellte ich fest, dass mein Portemonnaie zu Hause auf dem Küchentresen lag. Ich wollte die Waren gerade wieder in die Regale zurücklegen, da sagte die Verkäuferin, das sei schon in Ordnung, ich solle später bezahlen.

Ich hätte heulen können vor Dankbarkeit, lief nach Hause, berichtete Alex von dem kleinen Wunder, das gerade geschehen war. Er schlug vor, das Geld beim Joggen im Laden vorbeizubringen, und rannte los – ohne Geld. Ich rannte hinter ihm her. Als ich zurückkam, hörte ich einen Knall. Die Tür war zu. Der Schlüssel lag auf dem Küchentresen.

Ich setzte mich vor die Tür und heulte, nun doch. Auf einmal hörte ich Geräusche über mir. Itay, der Nachbar, lehnte sich übers Geländer und fragte, ob alles in Ordnung sei. »Nein«, sagte ich. Itays Frau kam dazu, Carianne, eine Holländerin. Sie sagte, sie hätten gerade einen Handwerker im Haus, der sei ein Engel und könne alles.

Eine Minute später schwang sich ein junger dunkelhäutiger Mann übers Geländer und fragte, was das Problem sei. Er hieß Moumin und kam aus dem Westjordanland. Weil er eine Erlaubnis hat, darf er jeden Tag nach Tel Aviv zum Arbeiten kommen. Moumin machte sich an die Arbeit, nach zehn Minuten war er fertig, die Tür war offen. Ich dachte kurz darüber nach, ob es mich beunruhigen sollte, dass man unsere Tür so leicht öffnen kann. Da sah ich, wie Moumin wieder nach oben gehen wollte. Ich zog einen 100-Schekel-Schein aus dem Portemonnaie, aber Moumin lachte nur und warf mir eine Kusshand zu. Dann war er weg.

Carianne hatte recht, Moumin war ein Engel – wie all die anderen, die uns an diesem Tag geholfen hatten. Ich setzte mich aufs Sofa zu unserem Berliner Kater, lehnte mich zurück und hatte zum ersten Mal das Gefühl, ein wenig angekommen zu sein.

Deine Anja

Berlin, 12.05.2018

Liebe Anja,
dein Brief hat mich berührt. Ich hatte das Gefühl, den Tag, an dem alles schiefging, selbst mitzuerleben. Ein Glück, dass du auch guten Menschen begegnet bist. Gute Menschen zu treffen ist für mich fast die einzige Verkörperung von Hoffnung im Alltag. Vielleicht ist das alles, was wir haben.

Ich las den Brief heute Nachmittag, nach einem ereignisreichen Wochenende, genau zur richtigen Zeit. Am Freitag fand bei uns zu Hause wieder der Kultursalon statt, den ich einmal im Monat veranstalte. Es war großartig – mit einer super Blues-Band und einer wunderschönen Fotoausstellung. Viele interessante und nette Menschen aus der Nachbarschaft und aus aller Welt waren da. Als gegen Mitternacht der letzte Gast gegangen war, sanken wir todmüde, aber hochzufrieden ins Bett.

Um sechs Uhr früh weckte uns ein lauter Knall, dessen Ursache wir uns nicht erklären konnten. Die Kinder krochen unter die Decke und kugelten sich vor Lachen bei allerlei Vermutungen, und wir rollten uns auf die andere Seite, um noch ein wenig weiterzuschlafen. Es wollte nicht klappen, und so standen wir auf, um den neuen Tag anzugehen und die Wohnung aufzuräumen. Aber dann hatten wir Hunger und beschlossen, bei dem schönen Wetter erst mal rauszugehen und zu frühstücken.

Als wir gegen 10 Uhr die Treppe runterliefen, sahen wir unseren Nachbarn Glasscherben im Hausgang auffegen. Jemand hatte einen großen Stein gegen die Haustür geschleudert, die Scheibe war zersplittert. Daher der Knall in der Frühe. »Und wir dachten, es war ein Monster«, sagten die Kinder. Wir packten mit an, die Kinder blieben auf der Treppe stehen, und der Nachbar sagte, er habe schon die Polizei angerufen.

Aharon und ich waren verunsichert. Wir blickten uns an, und ich konnte seine Gedanken lesen: War das unseretwegen? Weil wir Juden sind? Israelis? Oder wegen gestern Abend? Wir neigen an sich nicht zu solchen Ängsten (ich fürchte eher Krankheiten, Unfälle usw.), aber Aharon reichte eingeschlagenes Glas an unserer Haustür in Berlin, um den Rest des Tages wie besessen »Kristallnacht« zu googeln. Ich sagte ihm, zu 99 Prozent habe das nichts mit uns zu tun, aber er ließ sich nicht von seiner plötzlichen Holocaust-Paranoia abbringen. Mit anderen Worten: Seine Ängste siegten über die Vernunft, und bis zum Abend war er zu nichts zu gebrauchen.

In der nächsten Nacht träumte ich, wir entdecken beim Weggehen, dass man etwas Fieses an unsere Wohnungstür gesprayt und uns Müll vor die Schwelle gekippt hat. In dem Moment wachte ich auf, erleichtert, dass es nur ein Traum gewesen war, und verwundert über mich selbst, dass ich den gestrigen Vorfall so dicht an mich herangelassen hatte.

Die Kinder wachten auf. Sonntag, schönes Wetter – perfekt für eine Fahrradtour, fanden wir vier. Wir gingen runter auf den Hof – die beiden Kinderfahrräder waren weg, geklaut. Aharons Lächeln machte dem besorgten Gesichtsausdruck vom Vortag Platz. Die Kinder waren sehr traurig, schon wegen ihrer Räder, aber mehr noch wegen der Miene ihres Vaters. Ich versuchte, die Stimmung zu verbessern, sagte ihnen, es seien doch bloß Fahrräder, wir würden ihnen neue kaufen. Papa und ich nähmen sie hinten drauf, das würde Spaß machen!

Die Kinder gaben sich zufrieden und kletterten in ihre Kindersitze. Ich übernahm Benjamin (meinen Jüngsten, viereinhalb Jahre).

»Mama, sind Diebe stark?«, fragte er. – »Nicht unbedingt, aber manchmal schon«, antwortete ich.

»Sind Diebe stärker als Papa?«

»Manchmal«, erwiderte ich.

Und er sagte, schwer enttäuscht: »Das mag ich gar nicht!«

Jetzt ist es spät. Die Kinder schlafen, Aharon auch. Ich liege im Bett und denke über »Gemeinschaft« nach. Wie wichtig es ist, eine gute und sichere heterogene Gemeinschaft zu schaffen, die in guten Zeiten Anregung gibt und Freundschaft schenkt und wo man in weniger guten Zeiten jemanden findet, der Rat und Hilfe spendet und notfalls sogar Unterschlupf bietet.

Deine Yael

Tel Aviv, 19.5.2018

Liebe Yael,
ich denke oft an deinen letzten Brief und was euch passiert ist: die eingeschlagene Haustürscheibe, die gestohlenen Fahrräder, eure Sorgen, es könnte wegen euch sein, weil ihr Juden seid. »Das ist echt heftig. Meinst du, sie bleiben?«, hat mich eine Freundin gefragt.

Ich würde dich so gerne beruhigen, dir schreiben, dass uns in Berlin vier Fahrräder aus dem Hausflur geklaut wurden, dir erzählen, wie in der Nacht, nachdem ich einen MeToo-Artikel in der Zeitung hatte, die Reifen unseres Autos zerstochen wurden und ich überlegte, ob es da einen Zusammenhang gibt.

Auch hier, in Jaffa, habe ich manchmal Angst. Wenige Tage nachdem wir angekommen waren, hörte ich Männer auf der Straße schreien, auf Arabisch. Sie klangen wütend, sie schlugen gegen Türen. Ich dachte, das könnten Palästinenser sein, die hier mal gewohnt haben und in ihre Häuser zurückwollen. Jaffa, die alte arabische Hafenstadt, ist gerade sehr angesagt bei den Tel Avivern, überall wird gebaut, rekonstruiert, die Mieten steigen, wie im Prenzlauer Berg oder in Neukölln. Aber hier hat Gentrifizierung noch eine andere, politischere Bedeutung.

Wie versteinert stand ich auf dem Hof, verstand kein Wort von dem, was die Männer auf der Straße schrien, traute mich aber auch nicht, rauszugehen und nachzusehen. Mit dem Handy nahm ich die Stimmen auf und spielte die Aufnahme am nächsten Tag Hanin, Alex' Assistentin, vor. Sie ist eine palästinensische Christin und spricht fließend Hebräisch und Arabisch. Hanin hörte sich die Aufnahme an, lachte und sagte: »Ach, das war nur irgendein Streit zwischen Männern.«

Man kommt auf seltsame Gedanken, wenn Dinge passieren, die man sich nicht erklären kann. Aber deine und Aharons Gedanken sind nicht seltsam. Ich frage mich ständig, wie es euch in Berlin geht. Erinnerst du dich, wir haben darüber gesprochen, als ich noch in Berlin war. Du hast gesagt, du hättest »so was« noch nicht erlebt. Aber später hast du mir, wie nebenbei, von dem Busfahrer erzählt, der den Geldschein, mit dem du bezahlen wolltest, auf den Boden geworfen hat. Vor dir und den Kindern! Du hast gesagt, dir mache so was nichts aus, du hättest den Geldschein aufgehoben und seist einfach weitergegangen, ohne zu bezahlen.

Ich habe lange nicht wahrgenommen, dass es Antisemitismus in Deutschland gibt. Erst nachdem ich aus New York, wo jüdisches Leben ganz normal ist, zurück nach Berlin gezogen bin, ist es mir auf einmal aufgefallen, kleine Bemerkungen meist nur, manchmal sind sie schwer von Kritik an Israels Regierung zu unterscheiden. »Das ist das letzte Land, in das ich ziehen würde«, hat eine Frau zu mir gesagt, bevor wir umgezogen sind. »Das geht jetzt schon so lange da mit der Gewalt. Ich weiß gar nicht mehr, wie ich das meinen Kindern erklären soll«, eine andere.

Ich habe gesagt, ich finde, man kann den Nahostkonflikt Kindern erklären wie andere Konflikte auf der Welt auch. Am besten ist es, mit den Kindern herzukommen und sich selbst ein Bild zu machen. Als Mascha, unsere Tochter, neulich das erste Mal in der Holocaustgedenkstätte Yad Vashem war, hat sie gesagt, dass sie so vieles gar nicht wusste. Als Freunde aus New York ihren Sohn für ein Jahr mit einem jüdischen Programm nach Jerusalem schickten, das ihm Israel näherbringen sollte, passierte das Gegenteil: Er war entsetzt darüber, wie die Israelis die Araber behandeln, und wurde zum Palästina-Anhänger.

Warum ich dir das schreibe? Weil es mich beschäftigt, dass ihr von hier weggegangen seid, um in Sicherheit zu sein, und euch nun in Berlin nicht mehr sicher fühlt. Ich will, dass es dir gut geht, die Stadt braucht Leute wie dich, und du veränderst sie. Dein Musiksalon ist das Beste, was ich seit Langem erlebt habe; wie deine Wohnung plötzlich zum Club wird, die coolen Musiker, das Essen, der Wein, vor allem aber die Leute: die Nachbarn aus der Straße, deine Freunde aus Israel, die Syrer aus deinem Volkshochschulkurs. Du bringst sie alle zusammen.

Vielleicht findest du einen anderen Ort für den Salon als deine Wohnung, auch wenn es schade wäre, weil es sich anfühlt wie ein Rückzug und weil es in einem Club anders sein wird, unpersönlicher als bei dir zu Hause. Aber es wäre eine Möglichkeit. Was denkst du?

Deine Anja

Berlin, 26.5.2018

Liebe Anja,
danke für deine aufmunternden Worte. Vor allem freut mich, dass dir mein Salon, Framed, so gut gefällt. Ich liebe diese Veranstaltungen zutiefst und bin glücklich, dass offenbar auch die Gäste spüren, was ich damit erreichen will. Kunst und Musik sind für mich die beste Weise, Brücken zwischen Kulturen und Sprachen zu bauen. Kunst und Musik sind die Sprache des Herzens. Alle verstehen sie.

Und du hast recht: Es ist schade, den Salon nicht mehr in unserem Wohnzimmer zu veranstalten, sondern außer Haus zu verlegen. Aber ich werde nicht aufgeben, bis ich den perfekten Ersatzraum gefunden habe. Er sollte die Gastfreundschaft und die Intimität vermitteln, die wahres Empfinden und tiefes Erleben möglich machen.

Mein letzter Brief hat hart geklungen, aber zum Glück gehören die eingeschlagene Glasscheibe und der Fahrraddiebstahl längst der Geschichte an. Jetzt ist der Berliner Frühling voll ausgebrochen und zeigt uns sein strahlendes Gesicht. Das Wetter, die Blüten, die Parks – alles lächelt uns zu. Die Kinder freuen sich an ihren neuen Fahrrädern und haben fast vergessen, dass sie früher mal, vor einer Woche, kleinere, andersfarbige Räder hatten.

Mehr noch – letzte Woche habe ich plötzlich begonnen, mich zu Hause zu fühlen. Es wäre übertrieben, zu behaupten, ich sei heimisch in Berlin geworden, aber langsam fühle ich mich tatsächlich »daheim« in unserem Viertel. Unsere Straße, der Lebensmittelladen, die guten Nachbarn, der Park, die Eisdiele – sie alle geben mir das Gefühl dazuzugehören. Es ist eigenartig und überraschend, so zu empfinden, wo ich mich derart weit von dem Ort befinde, an dem ich aufgewachsen bin. Berlin unterscheidet sich von Tel Aviv im Aussehen, im Klima, in Kultur und Sprache. Aber irgendwie fühlt sich meine Seele gerade jetzt hier sehr wohl.

Dabei ist noch etwas eingetreten: Ich achte auf einmal viel mehr auf die goldglänzenden »Stolpersteine«, die hier und da in die Bürgersteige des Viertels eingelassen sind. Ich hatte sie auch zuvor schon gesehen, aber nicht wirklich an mich rangelassen, was sie sind und wofür sie stehen. In der letzten Woche bin ich jedes Mal stehen geblieben, wenn ich an solchen Stolpersteinen vorüberkam, habe die Namen und Jahreszahlen gelesen, das Alter der Betreffenden berechnet, mir ihr Leben hier vorgestellt. Ich stelle mir vor, wie auch sie sich, zumindest eine Zeit lang, an diesem Ort heimisch gefühlt haben.

Es ist verblüffend und hoffnungsvoll, am eigenen Leib zu spüren, wie sich die Wirklichkeit verändern kann. Einst war es hier unvorstellbar grauenhaft, und nun ist Berlin Obdach für so viele Menschen geworden, einer der wichtigsten Zufluchtsorte in der Welt. Meine syrischen Mitschüler im Deutschkurs können sich eine Zukunft hier vorstellen. Das ist nicht wenig.

Ich denke ständig an dich und Alex. Ihr seid in unruhigen Zeiten in Israel gelandet! Als hätte das Land nur auf euch gewartet, um dann endgültig durchzudrehen. Der Übergang von eurer ruhigen Berliner Straße in den brodelnden Dampfkessel, den Tel Aviv derzeit darstellt, muss eine extreme Umstellung sein. Ich hoffe, ihr könnt das ganze Chaos gelegentlich ausblenden und auch das Gute an Tel Aviv genießen, die Dinge, nach denen ich mich sehne: das Essen, das Meer, die guten Menschen.

Deine Yael

Tel Aviv, 1.6.2018

Liebe Yael,
es gibt in unserem Freundeskreis einen Witz: Wo immer Alex und ich hinfahren, passiert etwas. Nun ist es bei Reportern nicht so ungewöhnlich, dass sie sich gerade dort aufhalten, wo es hoch hergeht, aber ein paar seltsame Zufälle gab es schon in unserem Leben, und in diesen Tagen erinnern uns Freunde manchmal daran: »Wart ihr nicht in Berlin, als die Mauer fiel? Und in New York, als die Türme einstürzten? Und am Van-Gogh-Museum in Amsterdam, als die Pflanzenwand heruntekrachte? Ach ja, und kaum wart ihr in Kuba gelandet, ist Fidel Castro gestorben. Schon seltsam, oder?«

Ich sage, das ist alles nur Zufall, aber seit wir hier gelandet sind, bin ich mir da nicht mehr so sicher. Fast vier Jahre lang war Ruhe in Israel: kein Krieg, weniger Selbstmordanschläge, in Gaza wurde von Wiederaufbau gesprochen, Irans Atomwaffen waren durch den Obama-Deal unter Kontrolle, die Proteste gegen die israelische Besatzung mehr oder weniger eingeschlafen. Manchmal fragten wir uns, worüber wir hier eigentlich berichten sollten. Israel ist so groß wie Hessen und Hessen, nun ja.

»Schreib doch über die schönen Seiten des Landes«, rieten mir Kollegen. Der Reiseredakteur schickte mir Einladungen zu Pilgerfahrten, Fahrten ans Tote Meer und Exkursionen durch die Negev-Wüste. Haifa sei auch sehr schön.

Ich dachte, am besten nähere ich mich dem Land in aller Ruhe, lerne Hebräisch, vielleicht sogar Arabisch, und abends sehe ich mir gemütlich die israelische Netflix-Serie »Fauda« an.

Der Tag, der alles änderte, war jener Freitag vor Pessach, wir waren noch nicht mal eine Woche im Land, ich hatte genau eine Folge von »Fauda« gesehen und in Hebräisch die Zahlen Eins bis Fünf gelernt. In Gaza versammelten sich Palästinenser an der Grenze zu Israel, um auf ihre Vertreibung aus ihren Dörfern vor 70 Jahren aufmerksam zu machen. »Sie kamen mit Kind und Kegel«, schrieb meine Kollegin, bevor sie die Berichterstattung an mich übergab. Es klang, als wolle sie mich beruhigen, mir versichern, dass es nur ein Volksfest sei, mehr nicht. Bei dem Volksfest wurden 19 Menschen erschossen. Es fand von nun an jeden Freitag statt, die Zahl der Toten und Verletzten liegt heute bei 121. »So heftige Auseinandersetzungen hat es seit 2014 nicht mehr gegeben«, hieß es.

Den Satz hörte ich von nun an öfter: als der Iran Raketen aus Syrien Richtung Israel abschoss und Israel daraufhin die Stützpunkte in Grund und Boden bombte, als die Hamas in Gaza beschloss, Raketen nach Israel abzufeuern und Israel mit Luftangriffen reagierte, als Netanjahu seine Beweise präsentierte, dass sich Iran nicht an das Atomabkommen hält, als Trump das Atomabkommen aufkündigte, als seine Tochter die US-Botschaft in Jerusalem eröffnete. Donald Trump bringt alles durcheinander, auch hier im Nahen Osten. Wo waren wir noch mal, als im November 2016 die letzten Stimmen nach der US-Wahl ausgezählt wurden? Richtig, in New York.

Alex und ich sehen uns an, ich weiß genau, was er denkt, er weiß, was ich denke, niemand spricht es aus. Abends rede ich mir ein, es geht vorbei. Die Wüste ruft. Morgens schalte ich mein Handy ein und denke, mal sehen, was jetzt schon wieder passiert ist.

»Das ist hier so«, sagen die Leute. »Willkommen im Nahen Osten! Jahrelang ist Ruhe, dann, ganz plötzlich, geht es wieder los. Und kann morgen wieder vorbei sein. Oder auch nicht.« Seltsamerweise schlafe ich gut in Tel Aviv, besser als in Berlin. Meine Mutter sagt, ich habe meine Sorgen zu Hause gelassen. Wahrscheinlich hat sie recht. Die großen Sorgen verdrängen die kleinen. Ich grübele nachts nicht mehr darüber, ob die Blumen im Garten bei der Hitze vertrocknen und warum der Kollege so traurig guckt. Mich erreichen die Nachrichten aus Berlin auch hier, aber sie beunruhigen mich nicht. Sie lenken mich ab und zeigen mir, dass alles relativ ist. Manchmal ist es gar nicht so schlecht, die heile Welt mal zu verlassen, um zu wissen, wie gut es einem geht.

Deine Anja

Berlin, 9.6.2018

Liebe Anja,
diese Woche war verwirrend. Ich lief hierhin und dahin, machte dies und das, sprach Englisch, Deutsch, Hebräisch, alles durcheinander, und hatte irgendwann das Gefühl, nicht mehr zu wissen, wo eigentlich meine Wurzeln sind.

Mein Morgen beginnt damit, meine Kinder zur Schule zu bringen. Die Schule ist zweisprachig (Englisch und Deutsch). Danach mache ich mich an die Arbeit. Einen Teil der Zeit widme ich meiner Musik (überwiegend auf Hebräisch, manchmal auf Englisch). Den Rest des Vormittags beschäftige ich mich mit Framed, meinem Kultursalon. Gegen Mittag radle ich zur Volkshochschule, um gemeinsam mit meinen syrischen, iranischen und brasilianischen Mitschülern Deutsch zu lernen. Wenn ich am Ende des Tages die Kinder von der Schule abhole, weiß ich kaum noch, welche Sprache ich mit wem sprechen soll.

Am Dienstagabend war ich zu einem Kochabend im Haus gegenüber eingeladen. Er ist ein deutscher Schriftsteller und, soviel ich verstanden habe, in unserer Straße aufgewachsen, sie eine französische Journalistin, die schon seit zwanzig Jahren in Berlin lebt.

Ein weiteres Paar kam aus der Parallelstraße. Er ist ein französischer Künstler und hat an einer meiner Ausstellungen teilgenommen, ist aber auch Lehrer für Buddhismus und Meditation und hat jahrelang als buddhistischer Mönch gelebt. Seine deutsche Frau hat einige Zeit in Israel verbracht, spricht Hebräisch und liebt Tel Aviv.

Noch ein gemischtes Paar war dabei, ein deutscher Psychoanalytiker und eine Französin, die lernt, Möbel zu restaurieren. Ich kam mit einem israelischen Musikerfreund, der fünfzehn Jahre in England gelebt hat und erst vor Kurzem nach Berlin gezogen ist, und meiner guten Freundin, ebenfalls Israelin, die wie ich vor zwei Jahren hergezogen ist und die Straße runter wohnt.

Jeder sollte Zutaten mitbringen und ein Gericht für die gemeinsame Mahlzeit zubereiten. Solch einen Abend hatte ich noch nie erlebt. Es war faszinierend: so viele Sprachen und Esskulturen. Die Gastgeberin bereitete ein klassisches französisches Gericht zu (Ei, Roquefort-Käse und Crème fraîche im Ofen) – einfach, spielerisch und sehr wohlschmeckend.

Ich hatte das Rezept und die Zutaten für ein bulgarisch-jüdisches Gericht dabei, das meine Großmutter immer macht: Blätterteig, gefüllt mit Spinat und Feta-Käse. Man isst das Blätterteiggebäck mit den Händen und stippt es in Joghurt. Mein israelischer Freund rührte Tahina an, Sesampaste. Er hatte seine Lieblingstahina aus Israel und dazu sein Geheimgewürz mitgebracht. Jeder mischt Tahina auf seine eigene Weise.

Es war schön, mit anzusehen, wie Lebensgeschichten übers Essen erzählt wurden, dass in Zeiten der Globalisierung unsere Wurzeln immer noch sichtbar sind. Ich bin Israelin und wohne in Berlin, aber meine Wurzeln habe ich in Spanien, Bulgarien und Polen. Und offenbar ist das immer noch in meinem Bewusstsein festgeschrieben.

Im Verlauf des Abends begriff ich auch, dass es »israelisches Essen« als solches eigentlich nicht gibt. In Israel leben Juden aus aller Welt, dort haben sich so viele verschiedene Kulturen zusammengefunden, dass die Küche für jede Familie etwas anderes bedeutet: jemenitisch, marokkanisch, polnisch, deutsch, äthiopisch, russisch, spanisch, persisch und vieles andere mehr. Das hat mich zu tieferen Fragen angeregt: Was ist israelische Kultur, israelische Musik, israelische Literatur?

Alles verbindet sich auf geheimnisvoll verschlungene Weise und lässt daraus etwas Neues entstehen. Mein Leben in der Fremde weckt bei mir den Wunsch, dieses Etwas zu finden, es für mich zu definieren. Vielleicht wird mir das ein klareres Gefühl von Verwurzelung geben.

Bitte entschuldige, falls ich zu weit ausgeschweift bin. Erzähl mir, wie es dir geht.

Deine Yael

Tel Aviv, 16.6.2018

Liebe Yael,
vor ein paar Tagen rief ein Kollege meines Mannes an. Ich nahm den Hörer ab, er fragte, wie es uns gehe in Israel. Ich sagte, es habe zum Anfang viele Unruhen gegeben, jetzt aber sei es ruhig und eigentlich sei es wirklich schön hier.

»Schön?«, fragte der Kollege.

»Ja, schön«, sagte ich.

»Schön ist ja wohl der falsche Ausdruck«, sagte er.

»Ich finde es schön«, wiederholte ich und erzählte ein bisschen vom ganz normalen Leben hier. Am anderen Ende der Leitung war es still. Ich redete weiter, sagte noch mindestens dreimal »schön«, von Mal zu Mal trotziger, dann gab ich den Hörer an Alex weiter.

Es hat keinen Sinn. Ich kenne diese Gespräche. Israel als schön zu bezeichnen kommt so gut an, als würde ich begeistert vom Club-Urlaub in Nordkorea berichten. Am schwierigsten ist es mit Leuten, die noch nie hier waren. Sie denken, Israel sei Kriegsgebiet und jeder, der hierherfahre, unterstütze die Besatzungspolitik. Neulich habe ich versucht, meine reiselustige Freundin aus New York zu überzeugen, mich zu besuchen. Keine Reaktion. Sie fliegt nach Italien, obwohl die Regierung dort kaltherzig ein Flüchtlingsschiff abweist, sie guckt die Fußball-WM, obwohl Russland die Krim besetzt hat. Aber Israel? No way!

Selbst Israelis wenden sich von ihrem Land ab. Du ja auch in gewisser Weise. Ich erinnere mich, wie du mir von einer Freundin erzählt hast, die nach Berlin gezogen ist und nicht wieder zurückwill, nicht mal zu Besuch. Ich verstehe das, die Mieten sind hoch, die Politik der Regierung ist rechts, aber viele Menschen, die ich treffe, sind großartig, und ich denke wirklich oft, wie schön es hier ist.

Wenn ich bei Abu Hassan vorbeigehe zum Beispiel, der den besten Hummus Israels verkauft, ein winziger Laden, fünf Tische drinnen, fünf draußen. Oder beim Fischhändler, der anbietet, was die Fischer morgens im Meer gefangen haben, und mir zuwinkt, wenn ich mit dem Rad vorbeifahre. Freitags gehe ich auf den Carmel-Markt, auch wenn es so voll ist, dass ich mich von der Masse mitschieben lassen muss. Das erinnert mich an ein Gespräch, das ich mal mit einem Amerikaner, der in Israel lebt, führte. Ich fragte ihn, was ihm an Israel gefalle. Er sagte, dass die Menschen nicht immer gleich zur Seite springen, wenn es eng wird. Man habe hier richtigen Körperkontakt.

Ich weiß, was er meint. Drängeln ist hier nicht das Gleiche wie in Deutschland oder in Amerika. Die Deutschen drängeln schlecht gelaunt, es schwingt der Vorwurf mit, im Weg zu stehen, schuld daran zu sein, zu spät zu kommen. Die Amerikaner haben Angst, sich beim Körperkontakt mit einer gefährlichen Krankheit anzustecken. Die Israelis dagegen drängeln, weil sie durchwollen. Ohne Angst, ohne Vorwurf, einfach nur so. Schieben sich durch, gehen nicht aus dem Weg, sagen selten »Entschuldigung«. Ein Israel-Kenner hat mal zu mir gesagt, am besten lernt man Israel kennen, wenn man mit dem Bus fährt. Ich glaube, er hat genau das gemeint, diese unmittelbare Nähe der Menschen zueinander, ihre Direktheit.

Abends, wenn ich mit der Arbeit fertig bin, gehe ich joggen. Ich laufe an zwei Kirchen vorbei, den Berg hinunter, durch einen Park. Links liegt eine Moschee, rechts das Meer. Zum Ramadan bauen Familien ihre Grills auf und stecken Fleisch auf Spieße. Ist die Sonne untergegangen, singt der Muezzin, das Fest beginnt. Am Strand sitzen Russen mit ihren Hunden, eine jüdische Jungengruppe steigt ins Meer, so feierlich wie zu einer Taufe, dahinter wird eine Bühne aufgebaut und Musik aufgelegt. Es gibt keine bessere Art, alles zu vergessen, als diese Joggingrunde. Und manchmal denke ich, es ist gar nicht so schlecht, wenn manche Leute nicht wissen, wie schön es hier ist. Das Land ist so klein und so voll. Und das Drängeln ein wenig gewöhnungsbedürftig. Ich lasse mich nicht gern zur Seite schieben, ob mit oder ohne Vorwurf.

Deine Anja

Berlin, 23.6.2018

Liebe Anja,
»Dinge, die man von dort sieht, sieht man nicht von hier« – diese Zeile aus einem bekannten israelischen Lied bringt deinen Brief für mich gut auf den Punkt. Ehe man nicht wirklich eindringt in ein Land, eine Stadt, eine Situation, kann man kein richtiges Urteil fällen, weil die Realität komplex ist und ein Ort weit mehr Facetten hat als die Artikel in der Zeitung. Ich freue mich, dass Tel Aviv euch langsam so packt, wie ich es erhoffte.

Du schreibst, auch ich hätte mich in gewisser Weise von Israel abgewendet. Das habe ich ungern gelesen. Israel ist mir sehr wichtig, und ich bin nicht anti. Trotzdem lehne ich vieles von dem ab, was dort passiert: Besatzung und Korruption, die hohen Lebenshaltungskosten, die Kultur- und Bildungspolitik der Regierung. Ich habe das schreckliche – und hoffentlich völlig realitätsferne – Gefühl, dass Israel ein sinkendes Schiff ist.

In ideologischer Hinsicht ist es vielleicht schon gesunken. Andererseits denke ich an eines unserer ersten Gespräche, als du mir erzähltest, vor dem Mauerfall hätte keiner diese Entwicklung für möglich gehalten. Dann sollte man der Hoffnung vielleicht doch ihren gebührenden Platz im Kopf und im Herzen einräumen.

Und ja, Israel erregt viel Aufmerksamkeit. Selbst wenn anderswo auf der Welt gerade viel schlimmere Dinge geschehen, sind wir immer in den Schlagzeilen. Anscheinend bedient das bestimmte Interessen und hat sicher auch mit dem israelischen Wesen zu tun: klein, aber laut, egal was. Jedenfalls ändert das für mich nichts an den Tatsachen. Die schlechten Dinge, die in Israel passieren, werden nicht durch die guten Menschen ausgelöscht, und zum Glück gilt das auch umgekehrt: Die guten Menschen, der Strand, die Wüste – all das wird nicht durch Besatzung und Korruption ausgelöscht. Alles existiert neben- und miteinander.

In Berlin beginne ich zu begreifen, dass es überall ähnlich ist, wenn auch unterschiedlich stark ausgeprägt natürlich. Meine Freunde aus Syrien beschreiben ebenfalls eine widersprüchliche Wirklichkeit. Alle sehnen sich nach ihrer schönen Heimat, ihrem Essen, den guten Menschen – trotz der harten Fakten, die sie zur Flucht gezwungen haben.

Mich hat keiner zur Flucht gezwungen, und doch suchten wir andere Lebensumstände. Hätte ich geglaubt, die Wirklichkeit in Israel ändern, die Lage verbessern zu können, wäre ich dageblieben. Aber in diesem Lebensabschnitt hielt ich das persönlich für unmöglich. Ich spürte, dass das Leben in Israel meine Sinne abstumpft und meine Ausdrucksfähigkeit mindert.

Heute, nach zwei Jahren in Berlin, bin ich heilfroh, dass ich meinen Kindern die Erziehung schenken kann, die sie in der internationalen Schule erhalten. Neben dem ausgezeichneten Lehrplan und dem Erwerb weiterer Sprachen erfahren die Kinder hautnah, dass es Menschen aus zahlreichen Orten und Kulturen gibt und dass wir diese wunderbare Wahlmöglichkeit haben, dass wir entscheiden können, wo wir wohnen und lernen, wie wir leben, welchen Beruf wir ergreifen und mit wem wir uns zusammentun möchten.

Das ist keineswegs selbstverständlich, und ich fürchte, dieses Recht könnte eines Tages genommen oder eingeschränkt werden – wie für so viele andere Menschen weltweit. Bis zu jenem Moment, der hoffentlich niemals eintritt, müssen wir jeden Augenblick nutzen und die Kinder und uns selbst in einer Umgebung ansiedeln, die Wachstum erlaubt.

Wenn ich in Berlin auf die Frage nach meiner Herkunft »aus Israel« antworte, ist die Reaktion schwer voraussehbar. Mal fällt sie überfreundlich, mal gleichgültig und mal ausgesprochen kühl aus. Wie reagiert man eigentlich in Israel, wenn du sagst, dass du aus Deutschland bist?

Bis zum nächsten Brief.

Deine Yael

Tel Aviv, 30.6.2018

Liebe Yael,
als ich deinen Brief las, musste ich daran denken, wie ich mitten während der Fußball-WM 2006 mit einer ultraorthodoxen Familie aus Brooklyn nach Bergen-Belsen gefahren bin. Ein Vorfahre von ihnen war dort KZ-Häftling gewesen und hatte unter schwierigsten Umständen einen alten jüdischen Brauch weitergepflegt: Er schrieb die Namen der Toten auf. Jahrzehnte später, als er im Sterben lag, fand sein Sohn das vergilbte Heft mit Hunderten von Namen, das Totenbuch aus Bergen-Belsen. Es sollte in der Gedenkstätte ausgestellt werden.

Ich hatte durch einen Historiker von der Geschichte erfahren und besuchte die Familie in Brooklyn. Der Historiker gab mir strengste Anweisungen: niemandem die Hand geben, Haare zusammenbinden, keine Haut zeigen. Der Tisch, auf dem das Buch lag, war mit Plastikfolie überzogen, um ihn koscher zu halten. Die Männer trugen schwarze Roben, weiße Bärte und Schläfenlocken.

Sie redeten mit mir, aber sahen mir nicht in die Augen. Einer telefonierte mit einem Heiratsvermittler. Es ging um seine Tochter. Das alles war so bizarr und fremd, dass ich mir um nichts in der Welt vorstellen konnte, wie diese Familie während der Fußball-WM deutschen Boden betreten sollte. Ich war sicher, beim Anblick des schwarz-rot-goldenen Fahnenmeers würden sie auf der Stelle kehrtmachen.

Ich hatte mich geirrt. Die kleine jüdische Delegation

kam wohlbehalten in Bergen-Belsen an, die Fahnen störten sie nicht. Ihre einzige Sorge war, dass ihr Essen nicht koscher sein könnte und sie den Flug nach Krakau verpassen würden, wo sie ein Rabbiner-Grab besuchen wollten. Sie lobten die Deutsche Bahn, die deutsche Kanzlerin und wünschten den deutschen Fußballern viel Glück. In diesem Moment begriff ich, wie gut der Ruf meines Landes in der Welt geworden war.

Du fragst, wie die Leute in Israel darauf reagieren, wenn ich sage, dass ich Deutsche bin. Sie reagieren genauso: unaufgeregt. »Ach, Deutschland«, sagen sie und freuen sich, wenn ich erwähne, dass ich aus Berlin komme. Fast jeder war schon mal in Berlin oder kennt jemanden, der gerade nach Berlin gezogen ist. Ein Mann erzählte mir, dass seine Familie in München lebte, bevor sie vor den Nazis floh. Eine Frau berichtete, dass sie sich gerade eine Wohnung in Zeitz gekauft habe.

»Zeitz? In Sachsen-Anhalt?«

Ja, Freunde aus Leipzig hätten ihr dazu geraten, sagte sie. Zeitz sei »upcoming«, eine gute Investition.

Anfang der Woche habe ich bei mir um die Ecke drei deutsche Fahnen gesehen. Deutsche Fahnen in Israel! Das hatte sicher mit der WM zu tun, die gerade stattfindet. Trotzdem!

»Wann ist das eigentlich passiert«, fragte ich einen israelischen Kameramann, der zwischen Berlin und Tel Aviv pendelt. »Wann sind die Deutschen so beliebt geworden?«

»So vor zehn Jahren«, sagte er. »Als Berlin so locker wurde, so offen.« Ich war stolz auf meine Stadt, mir fielen die Bilder der AfD-Gegendemonstration ein, die ich in den Nachrichten gesehen hatte. Junge Leute, die auf den Straßen tanzten.

Vor zwei Wochen war ich in einer Siedlung in den besetzten Gebieten. Der Fotograf, der mich begleitete, warnte mich: »Siedler sind deutschlandkritisch.« Aber auch diesmal ging alles gut. Alle redeten mit mir, niemanden schien meine Herkunft zu stören. Es war fast ein bisschen unheimlich, die deutschen Fahnen, die freundlichen Siedler.

Ich dachte an den Israeli, den ich neulich in einem Tel Aviver Café getroffen hatte. Er trug eine Camouflage-Jacke mit der deutschen Fahne darauf und fand die AfD gut. Es scheint neue Verbindungen zwischen Deutschland und Israel zu geben. Welche, die nichts mit dem offenen Berlin und den starken Fußballern zu tun haben, die nun leider nicht mehr stark sind. Ich gehe gleich mal gucken, ob die deutschen Fahnen noch hängen.

Deine Anja

Berlin, 7.7.2018

Liebe Anja,
dein Brief war so themenreich! Fromme, Brooklyn, Tel Aviv, Fußball, Deutsche, Siedler, AfD, Berliner. Offenbar ist in eurem Journalistenleben einiges los. Wirklich gefreut hat mich die Nachricht, dass man euch als Deutsche in Tel Aviv freundlich aufnimmt. Schön zu hören, dass meine Landsleute sich manchmal nett benehmen.

Das Schuljahr ist diese Woche zu Ende gegangen. Mein Sohn hat die erste Klasse in Berlin geschafft. Ich bin enorm stolz auf ihn und habe keine Ahnung, wie er zwei neue Fremdsprachen (Deutsch und Englisch) so schnell sprechen, lesen und schreiben gelernt hat. Vor unserem Umzug nach Berlin habe ich Israelis, die diesen Schritt vor mir gewagt haben, ausgefragt, wie Kinder so etwas verkraften: »Wie kommen sie mit der neuen Sprache zurecht? Mit der Fremdheit?« Ich machte mir wirklich Sorgen.

Die Antwort lautete immer gleich: »Nach einem halben Jahr reden die Kinder Deutsch, und dein einziges Problem wird darin bestehen, dass du nicht mehr verstehst, was sie sagen.«

Nun sind zwei Jahre vergangen, und es ist genau so: Beide Kinder sprechen zwei weitere Sprachen, nur ich tue mich schwer, mehrere zusammenhängende Sätze auf Deutsch zu sagen, ohne dauernd innezuhalten und nach einem Wort zu suchen, das mir nicht einfällt, oder den Satzbau auszutüfteln.

Die letzten Tage waren in sprachlicher Hinsicht besonders frustrierend. Meist komme ich mit meinem holprigen Deutsch ganz gut durch, aber in manchen Situationen ist die Sprache doch eine echte Hürde. Diese Woche beispielsweise bekam ich Beschwerden an der Hand, die offenbar medizinisch behandelt werden muss. Die Ärztin schickte mich zum MRT. In dem radiologischen Institut, an das ich überwiesen wurde, sprach keiner Englisch.

Es dauerte eine Weile, bis ich begriff, dass in den nächsten drei Monaten kein MRT-Termin frei war. Da ich große Schmerzen hatte, wollte ich nicht so lange warten, rief meine Versicherung an, und – selbstredend kann auch dort niemand Englisch. Die Sachbearbeiterin war sehr nett und geduldig, aber trotzdem verstand ich nur siebzig Prozent des Gesagten. Wenn ich es richtig mitgekriegt habe, soll ich am besten direkt zum Krankenhaus gehen und mich einweisen lassen. Ich war noch nicht da. Vorerst habe ich keinen Mumm, wieder mit der Sprache zu kämpfen – oder mit Krankenhäusern im Allgemeinen (damit habe ich ermüdende Erfahrungen, erzähl ich dir ein andres Mal).

Das nächste frustrierende Sprachproblem der Woche folgte, als ich mich um einen Zuschuss für meinen Kultursalon bewarb. Gelegentlich stoße ich auf Fördergelder, die für Framed passen könnten, und bewerbe mich darum, aber diesmal sah ich die Ausschreibung leider erst sechs Stunden vor Bewerbungsschluss. So begann ich den Wettlauf mit der Zeit, Hand in Hand mit Google translate (Gott allein weiß, wie Menschen einst ohne ausgekommen sind), und hämmerte mit Lichtgeschwindigkeit in die Tasten. Gleichzeitig war ich an der Strippe mit Yasser, meinem neuen Freund, einem jungen Syrer, der schon drei Jahre in Berlin lebt, viel besser Deutsch kann als ich und mir nach Kräften zu helfen suchte.

Hätte der Antrag auf Englisch oder Hebräisch gestellt werden können, hätte ich natürlich nicht so viel Hilfe von außen gebraucht. Doch nun ist er glücklicherweise rausgegangen, zwei Minuten vor Toresschluss, und jetzt heißt es nur noch Daumen drücken.

Die ganze Stadt scheint sich auf den Sommerurlaub vorzubereiten. Wir haben zwei Sommer gebraucht, um zu verstehen, dass das hier in Berlin eine ernsthafte Angelegenheit ist. Als Tel Aviver kann man kaum glauben, dass die meisten Berliner drei Wochen Urlaub machen. In Israel empfindet man Ferien eher als Last. Besonders im Sommer! Die Kinder haben zwei Monate Ferien, aber die Eltern bekommen kaum freie Tage von der Arbeit. Nimm noch 38 Grad Hitze und hundert Prozent Luftfeuchtigkeit hinzu – und schon kann Freizeit äußerst anstrengend werden.

Kurz gesagt, ist es schön hier in Berlin. Sehr sogar.

Deine Yael

Tel Aviv, 13.7.2018

Liebe Yael,
seit ein paar Tagen bin ich Mitglied einer deutschsprachigen Facebook-Gruppe in Israel. Man kann sich da über alle möglichen Sachen austauschen: wie teuer ein Taxi vom Flughafen ist, wie man eine Wohnung in Tel Aviv findet, einen Waschmaschinenreparateur in Jerusalem, wo man Kirschen pflücken oder die WM-Spiele sehen kann. Ich konnte gar nicht mehr aufhören zu lesen. Es waren alles so wunderbar banale Fragen, die ich mir auch hätte stellen können. Ich musste sofort wieder an die ersten Tage hier in Tel Aviv denken, in denen meine größte Herausforderung darin bestand, den Alltag zu beherrschen. Wo gibt es Brot? Wo Bio-Milch? Wo bringt man den Müll hin? Kann man mit dem Rad durch die Stadt fahren?

Manche Fragen waren schnell geklärt. Mit anderen, wie dem Radfahren, kämpfe ich heute noch. Hier in Tel Aviv kann man zwar kilometerlang am Meer langradeln oder auf dem Mittelstreifen des Rothschild-Boulevards. Problematisch aber wird es, wenn man den Weg nicht kennt. In Berlin gebe ich bei Google Maps einfach die Adresse ein, klicke auf das kleine Fahrrad in der oberen Leiste, dann wird mir die Route angegeben. Hier gibt es kein Fahrrad in der Leiste. Es gibt nur ein Auto, einen Bus, einen Fußgänger und einen Fußgänger, der ein Taxi herbeiwinkt. Ich weiß nicht, ob das an Google liegt oder an Israel, ich weiß nur, dass jede Fahrt ein Abenteuer ist. Mit dem Rad, aber auch mit dem Auto.

Ich muss manchmal an Aharon, deinen Mann, denken, der gesagt hat, schon wegen des Verkehrs sei er froh, in Berlin zu leben. Ich kann ihn gut verstehen. Der Verkehr hier ist Irrsinn. Auf der Autobahn wird links und rechts überholt. Will man die Spur wechseln, kann man blinken, solange man will. Niemand lässt einen rein. Ich habe deshalb zu Anfang mehrfach die Ausfahrt verpasst. Jetzt halte ich die Luft an und fahre blitzschnell rüber. Es funktioniert. Frechheit siegt, würde der Deutsche sagen.

Das gilt, habe ich festgestellt, für viele Bereiche des Lebens. Am Fußgängerüberweg überquert man die Straße, auch wenn ein Auto direkt auf einen zurast. Das Auto bremst. Aber nur, wenn man losgeht. Steht man an der Straße und wartet, hat man Pech gehabt. Ähnlich ist es in der Schlange beim Einkaufen. Ich stelle mich hinten an, aber fast immer stellt sich jemand vor mich. Mein Hebräisch ist leider zu schlecht, um zu protestieren. Mir bleibt nur eine Möglichkeit: mich vor den anderen zu stellen. Auch das funktioniert.

Schwierig ist es, wenn ich in Berlin bin und nicht schnell genug umschalte. Du kannst dir nicht vorstellen, wie viele Leute kopfschüttelnd hinter mir hersehen, wenn ich im Auto die Spur wechsle wie eine Israelin oder mich im Laden vordrängle. Kopfschütteln, habe ich festgestellt, ist sehr beliebt in Deutschland. Eine öffentliche Ermahnung, ein stummer Tadel, ein Erziehungsversuch aus der Ferne.

Noch nie habe ich hier in Israel jemanden den Kopf schütteln sehen, weil irgendjemand eine Regel verletzt hat. Ich habe darüber nachgedacht, woran das liegen könnte, und bin zu dem Schluss gekommen, dass man in einem Land, das von Feinden umringt ist und in dem jeder zur Armee muss, mit Kopfschütteln vermutlich nicht besonders weit kommt. Womit wir schon wieder beim

Nahostkonflikt wären. Nichts ist banal in Israel, nicht mal die Facebook-Gruppe. Neulich hat eine Frau gefragt, was man über Israel wissen muss, bevor man herzieht, und sofort brach eine Diskussion darüber aus, wie rechts das Land geworden ist.

Meine Lieblingsfrage bezog sich übrigens auf Tiertransporte. Ob jemand Erfahrung damit habe, wollte eine Frau wissen. Sofort wurden Tipps gegeben, wie man mit Katzen, Hunden, Wellensittichen nach Israel zieht. Die Frau bedankte sich und schrieb, es gehe nicht um eine Katze oder einen Wellensittich, sondern um ihr Pferd.

Deine Anja

Berlin, 21.7.2018

Liebe Anja,
dein Brief hat mir Spaß gemacht – echt Tel Aviv. Radfahren ist dort tatsächlich nicht leicht. Rauf auf den Bürgersteig, runter auf die Fahrbahn, an keiner Ampel halten, auf und ab, heiß und feucht, und die Autos fahren wie irre. Mit anderen Worten: Dazu kann ich dir leider keinen Rat geben. Wie du schriebst: entweder mitmachen, ständig hellwach, auf Kollision eingestellt und zum Vorpreschen bereit, oder es bleiben lassen.

Seit wir unseren Briefwechsel begonnen haben, fällt mir auf, dass Tel Aviv und Berlin in vielem fast spiegelbildlich sind. Vielleicht liegt genau darin ja das Geheimnis der Anziehungskraft zwischen den beiden Städten. Schließlich gehört Radfahren hier zu meinen Lieblingsbeschäftigungen. Die breiten, ebenen und gekennzeichneten Wege, die Vorfahrt für Radfahrer – das reinste Wunder für mich.

Lustig, dass du meintest, ich könnte mir nicht vorstellen, dass du in Berlin »Kopfschütteln« erntest, wenn du dich versehentlich mal wie eine Tel Aviverin benimmst. Und wie ich mir das vorstellen kann! Anfangs bemühten wir uns ständig, die örtlichen Gepflogenheiten zu verstehen, uns anzupassen, nicht überlaut zu reden, den Regeln zu folgen. Ich werde nie vergessen, wie wir einmal einen Secondhandshop betraten. Vom ersten Moment an spürten wir die stille Entrüstung der Verkäuferin.

Bis heute ist mir nicht klar, worüber sie entrüstet war. Die Kinder haben wohl Sachen angefasst (obwohl sie sich nach meiner Ansicht vorbildlich benahmen), oder wir redeten zu laut (was ich ebenfalls nicht in Erinnerung habe), oder es war, weil wir kein Deutsch konnten – wer weiß. Jedenfalls brachte ihr Kopfschütteln Aharon bald so in Rage, dass er uns demonstrativ aus dem Laden winkte. Die Verkäuferin – wohl erschrocken über den dramatischen Abgang – fragte ihn: »What is wrong?« Er fauchte, »your face is wrong!«, und weg waren wir. Erst als wir wieder losradelten, erlaubte ich mir zu lachen: ein klassischer Fall von »lost in translation« und kulturellen Unterschieden.

In den letzten Tagen habe ich an meinem Instagram-Konto gearbeitet und Fotos durchgesehen: vom großartigen Auftritt Nick Caves in der Waldbühne, den ich mit Aharon sah, über fröhliche Bilder von den Kindern im Park, Aufnahmen von Framed-Veranstaltungen in unserer Wohnung, Schnappschüsse von Ausflügen bis hin zu einem Foto vom 23. 7. 2016: sieben Koffer vorm Haus meiner Eltern in Israel kurz vor der Abfahrt zum Flughafen.

Damals dachte ich, wir verschwinden für zwei Jahre, um den Kopf freizukriegen, auszuruhen, Kräfte zu sammeln. Ich konnte mir nicht vorstellen, Wurzeln zu schlagen. Ehrlich gesagt, ängstigte mich sogar der Gedanke, wir würden irgendwann nicht mehr heimkehren wollen. Und nun sind zwei Jahre im Nu vergangen, und wir fühlen uns wohl. Meine Angst hat sich bewahrheitet. Wir scheinen uns einzuleben. Die Kinder sind vertraut mit der neuen Sprache und Umgebung, Aharon lässt seine Theaterstücke ins Deutsche übersetzen, wir haben viele neue Freunde, ich komme mit meinem Kulturprojekt voran und habe erstmals ein Lied auf Englisch verfasst.

Obwohl das Hebräische seit jeher meine künstlerische Ausdrucksform ist, will ich mich jetzt auch hier als

Texterin und Sängerin versuchen, das heißt auf Englisch und später vielleicht auch auf Deutsch. Das ist aufregend, weckt aber auch Zweifel, Ängste und große Sehnsucht. Wie lange werden wir noch bleiben? Kaum vorstellbar, dass es für immer sein soll. Werden die Kinder sich nach ein paar weiteren Jahren mehr als Deutsche denn als Israelis fühlen? Sie wären dann fast achtzehn Jahre und müssten in Israel zur Armee gehen, so wie wir einst. Und was sagt es über uns, wenn wir in Berlin bleiben? Sind wir dann noch Israelis? Oder Weltbürger? Nomaden? Zugehörigkeit ist etwas so Starkes und doch so Flüchtiges.

Deine Yael

Tel Aviv, 28. 7. 2018

Liebe Yael,
ich bin nach Berlin geflogen. Das ist so wunderbar einfach von Tel Aviv aus. Man ist in einer halben Stunde am Flughafen, der Flug dauert nur vier Stunden, und die Kontrollen sind nicht schlimm. Ein paar Fragen zum Gepäck, das war's. Nur diesmal dauerte es etwas länger. Das lag daran, dass ich das letzte Mal von Gaza aus nach Israel eingereist war. Die junge, schöne Flughafen-Soldatin hielt meine Gaza-Ausreisekarte in der Hand, flüsterte mit ihrer Kollegin und fragte: »Sie waren in Gaza?«

»Ja«, sagte ich.

»Warum?«

»Weil ich Journalistin bin.«

»Was haben Sie dort gemacht?«

»Ich habe über die Proteste an der Grenze berichtet.«

Die Soldatin sah mich lange an, prüfend, aber auch interessiert, als hätte sie gerne mehr gehört, mehr Fragen gestellt, welche, die nichts mit Flughafensicherheit zu tun haben, sondern mit dem ganz normalen Leben dort. Fragen, wie du und Aharon mir gestellt habt.

Israelis dürfen nicht nach Gaza, nicht mal Journalisten. Das übt eine große Faszination auf sie aus. Manche sehen mich an, als wäre ich dem Teufel persönlich begegnet, andere beklagen das Leid der Menschen dort und wollen wissen, was man dagegen machen kann. Ich bin die Deutsche, die da war, die Expertin, aber auch der Beweis, dass es so gefährlich nicht sein kann. Immerhin bin ich heil wieder rausgekommen.

Die Soldatin am Flughafen gab mir meinen Pass zurück und wünschte einen guten Flug. Ich checkte ein und lief zur Taschenkontrolle, meine Wasserflasche nahm ich mit. Israel ist das einzige mir bekannte Land der Welt, in dem kein Flüssigkeitsverbot für Handgepäck gilt. Ein israelischer Kontrolleur hat mir das mal mit den Worten erklärt: »Wir können Wasser von Sprengstoff unterscheiden.« Mich hat das sehr beruhigt. Inzwischen nehme ich nicht nur Wasser mit ins Handgepäck, sondern auch frischen Hummus oder Wein aus Galiläa.

Der Ben-Gurion-Flughafen ist für mich wie ein Mikrokosmos deines Landes. Ein paar Stunden reichen, um sich von Israel ein Bild zu machen: die junge Soldatin, die vielleicht gerne noch ein paar Fragen zu Gaza gestellt hätte, der Verzicht auf Verbote, die Passagieren das Leben schwer machen, die bunten Welcome-to-Israel-Schilder, die den Stolz auf das Land zeigen, aber auch die Tatsache, dass man nur Israelis und Touristen sieht, kaum Palästinenser. Bewohner aus den besetzten Gebieten dürfen seit der zweiten Intifada weder vom Ben-Gurion-Flughafen abfliegen noch hier landen, sie müssen nach Kairo oder Amman fahren, wenn sie irgendwo hinfliegen wollen. Das ist der Preis der Sicherheit in Israel. Man sieht ihn nur, wenn man ihn kennt.

Bei der Handgepäckkontrolle stehe ich oft mit gläubigen Juden in der Schlange. Manche tragen große Hüte, manche eine Kippa, den Hut müssen sie bei der Sicherheitskontrolle abnehmen, die Kippa nicht. Die verschwindet erst, wenn sich das Flugzeug Berlin nähert.

Neulich wurde ich Zeuge dieses Vorgangs. Neben mir, auf der anderen Seite des Ganges, saß ein Mann, Mitte vierzig, er trug Jeans, Polohemd und eine Kippa. Ich beobachtete ihn aus dem Augenwinkel. Ich wollte wissen, ob er die Kippa abnimmt, ob es stimmt, dass Juden in Berlin sich nicht zu erkennen geben, weil es zu gefährlich für sie ist. Der Mann aß seine mitgebrachten Latkas, las Mails auf dem Handy, die Kopfhörer in den Ohren, die Kippa fest auf dem Kopf.

Dreißig Minuten vor der Landung packte er das restliche Essen ein und wechselte die Handykarte. Jetzt, dachte ich, ist es so weit. Aber er behielt die Kippa auf, auch noch als das Flugzeug aufsetzte, als er sich abschnallte, aufstand und seine Tasche nahm. Ich war inzwischen überzeugt davon, der Mann würde die Kippa aufbehalten und durch Berlin tragen. Ich freute mich darauf, dir davon zu erzählen. Die Stadt war doch sicher. Aber dann, am Ausgang, verlor ich den Mann für einen Moment aus den Augen. Als ich ihn wieder sah, war die Kippa weg, an ihrer Stelle sah ich nur platt gedrücktes schwarzes Haar. Der Mann muss sie genau in dem Moment abgenommen haben, als er deutschen Boden betrat.

Deine Anja

Berlin, 4.8.2018

Liebe Anja,
dein Brief erreicht mich diesmal in unserem Brandenburg-Urlaub auf dem Dachboden eines ehemaligen Pferdestalls, der zu einer Airbnb-Wohnung ausgebaut wurde. Wir sind vor fünf Tagen mit Freunden aus Berlin hergekommen. Der Mann ist ein großartiger israelischer Maler (Ofir Dor), der einmal bei einer Veranstaltung von Framed ausgestellt hat. Wir lernten uns über seine Werke kennen, die mein Herz restlos gewannen, und schnell entstand eine tiefe Verbindung.

Ofirs Großeltern waren Berliner, die 1933 nach Israel emigrierten, und er ist vor zehn Jahren von Israel nach Berlin gezogen. Wie wir lernte Ofir in Berlin zunächst Deutsch, und in einem Sprachkurs begegnete er der Liebe seines Lebens, der bezaubernden Sabina aus Mexiko, die heute seine Frau ist. Sie haben zwei süße Kinder, und zum Glück harmonieren wir bestens, und die Kinder sind glücklich miteinander.

Wir wohnen weit ab auf einem Hof am Unteruckersee. Ringsum goldene Stoppelfelder, grüne Maispflanzen, Wälder und Seen. Weiße Windräder stehen rings verstreut, wie Riesengeschwister der Kohlweißlinge, die überall schwirren. Immer weht Wind. Tagsüber ist es sehr heiß. Man kann nicht in der Wohnung bleiben, die sich in ein regelrechtes Treibhaus verwandelt. Wir fahren jeden Tag an einen anderen See und kehren gegen Abend zurück, wenn die sinkende Sonne den Himmel rot violett färbt und der Mond aufgeht.

Der nächste Ort heißt Bertikow und ist ein bisschen unheimlich. Er besteht aus nur zwei langen Straßen mit alten Häusern. Die Vorgärten sind gepflegt, aber die Fenster immer geschlossen, und man sieht keine Menschenseele draußen. Am Dorfeingang, nach zwei Häusern zur Rechten, steht eine männliche Vogelscheuche mit einer Heckenschere.

Ein paar hundert Meter weiter sitzen zwei weitere Vogelscheuchen in Gestalt eines Mannes und einer Frau mit gemalten Gesichtern und mit Hüten unter zwei Schirmen auf einer Bank. Die Straße ist mit Girlanden aus verblichenen bunten Fähnchen geschmückt, die wohl für ein längst vergangenes Fest aufgehängt und dann vergessen wurden. Ein Geisterdorf.

Trotz der vielen wunderbaren Momente dieses Urlaubs muss ich zugeben, dass ich mich hier ein wenig unwohl fühle. Etwas Düsteres und Beklemmendes gesellt sich zu Natur und Schönheit. All die aus Antisemitismus und Fremdheit resultierenden Ängste, die mir in Berlin kaum zusetzen (wohl, weil dort so viele andere Fremde um mich herum sind und ich mich nicht allein fühle), schwemmen hier stärker hoch.

Ich habe die englische Übersetzung deines Buchs »Der Fall Scholl« dabei, das die erschütternde, düstere Geschichte eines Kleinstadtbürgermeisters in Brandenburg erzählt. Obwohl es mir Mühe macht, Englisch zu lesen, gefällt mir die Lektüre. Ich versuche, die Geschichte des Ortes und die Stimmung seiner Bewohner besser zu verstehen und natürlich auch die bedrückende private Paarbeziehung, die schließlich zerbricht.

In den letzten zwei Wochen haben meine Familie, meine Freunde und weitere gute Menschen gegen das Nationalstaatsgesetz angekämpft, das Rassismus und Diskriminierung in Israel gesetzlich zu verankern droht.

Wie mich deine Geschichte über den Mann vom Flughafen, der bei der Ankunft in Deutschland seine Kippa abnehmen musste, betrübt hat, so – und noch mehr – betrübt mich der Gedanke, dass Einwohner Israels ihre Sprache verbergen oder ihre Identität verschleiern müssen, um durchzukommen.

Mir ist nicht klar, wie unser Staat, der eine Ansammlung von Flüchtlingen aus allen Enden der Welt ist und schwerste rassistische Verfolgungen erlebt hat, sich nun ein solches Vorgehen erlaubt. Jede von uns beiden scheint den Rassismus in ihrem Land schwerzunehmen. Deshalb bin ich so froh, dass wir uns kennengelernt haben, dass wir korrespondieren, einander näherkommen, eine Brücke bauen, Verbindung halten.

Deine Yael

Berlin, 11.8.2018

Liebe Yael,
ich bin vor der Hitze geflohen. Seit Wochen war es in Tel Aviv jeden Tag so heiß, dass ich am liebsten erst abends das Haus verließ und nachts nur noch mit Klimaanlage schlief. Meine Nachbarn flogen nach Holland, die Kollegen nach Kanada oder Litauen.

Ich las deinen Brief und freute mich auf klare Seen, kühle Nächte, satte märkische Wälder und Wiesen – und kein WLAN. Sommerurlaub zu Hause war mein Plan. Den Nahostkonflikt in Brandenburg war weit weg und vergessen.

Als ich in Schönefeld landete, war es genauso heiß wie in Tel Aviv. Bei meiner Ankunft in meinem Urlaubsdomizil, unserem Sommerhäuschen, hatte sich im Nachbargarten gerade der Lesezirkel versammelt. Sie besprachen »Das Kapital« von Karl Marx und luden uns zum Grillen ein. Es gab eine Diskussion darüber, ob Grillen erlaubt ist, wegen der Waldbrandgefahr. Bevor es zur Einigung kam, waren die Würstchen fertig. Als ich gerade von meinem abbeißen wollte, fragte ein Mann, ob ich in Tel Aviv die Kinder aus Gaza schreien höre. Es war keine Frage. Ich antwortete trotzdem. Tel Aviv sei 70 Kilometer von Gaza entfernt, sagte ich.

Mein Nachbar entschuldigte sich am nächsten Tag für die schroffe Begrüßung. Wenige Stunden später war ich auf einem anderen Grillfest in eine Diskussion über das weltweit agierende jüdische Finanzkapital verwickelt und hörte mich den Satz sagen, das sei ein klassisch antisemitisches Argument. Na ja, sagte der Grillgast, aber die Filmindustrie sei doch aber auch in jüdischer Hand.

Es war noch heißer geworden. Aber der See im Wald war klar und kühl, ich tauchte unter und dachte, dass ich genau das vermisst hatte.

Ich fuhr zur Eisdiele im Nachbarort, wo das Schokoeis noch wie in meiner Kindheit schmeckt, und zum Bäcker, der das beste Brot und den köstlichsten Zuckerkuchen bäckt. Später holte ich meine Freundinnen vom Zug ab, wir saßen unter hohen Kiefern, hielten die Füße in eine Wanne mit kaltem Wasser, aßen Johannisbeeren und redeten übers Leben.

So vergingen die Tage, ich hatte das Gefühl, sie zerfließen, ich zerfließe, mache etwas und weiß kurze Zeit später schon nicht mehr, was es war. Zwischendurch informierte mich mein Nachbar, der den ersten Sommer hier verbrachte, darüber, dass der schöne Platz mit meiner Lieblingseisdiele früher Adolf-Hitler-Platz hieß. Gleich um die Ecke wohnte der Besitzer eines Kurhauses, ein Jude. Er wurde mit einem Schild um den Hals durch die Stadt getrieben. »Wir müssen herausfinden, was aus ihm geworden ist«, sagte mein Nachbar. Ach ja, über die Klinik auf dem Berg habe er auch was herausgefunden. Hier seien im Dritten Reich Tausende Menschen durch Euthanasie ermordet worden.

Es wurde immer heißer, 39 Grad im Schatten, acht Grad wärmer als in Tel Aviv. Ich saß im Haus, die Fenster geschlossen, um die Hitze nicht reinzulassen. Ein Plastikventilator wehte Luft in meinen Nacken, der langsam steif wurde. Der See blühte, die Fische japsten nach Luft. Ich fragte mich: Was um alles in der Welt mache ich hier?

Der freundliche Nachbar bot uns seinen WLAN-Zugang an. Im Internet las ich, dass die Fische in den Seen sterben, wenn es nicht bald regnet. Aus Israel wurden

Angriffe der Hamas, Gegenangriffe des israelischen Militärs, Tote und Verletzte vermeldet. Es sah nach einem dritten Gaza-Krieg aus.

In der Nacht gewitterte es, am nächsten Morgen war es kühl, der Himmel grau, der See wieder klar. Ich zog das erste Mal seit Wochen einen Pullover an. Das war er, der Brandenburger Sommer, auf den ich mich gefreut hatte.

Es ist ein seltsamer Sommer, vertraut und fremd zugleich. Ich habe das Gefühl, hier nur zu Besuch zu sein, in meiner eigenen Welt nicht mehr richtig dazuzugehören.

Wie geht es dir? Sehen wir uns in Berlin?

Deine Anja

Berlin, 18.8.2018

Liebe Anja,
dein Brief weckte mich wie aus einem Traum. Nach drei herrlichen Urlaubswochen erinnerte er mich daran, dass die Hitze und das Inferno uns auf Schritt und Tritt verfolgen. Die Nachrichten treffen auch dann ein, wenn wir keine Zeitung lesen. Israel begleitet uns überallhin, ob wir wollen oder nicht.

Seit einigen Jahren läuft immer wieder das gleiche Ritual ab: Der Sommer kommt, die Temperaturen steigen, allen Seiten schießt das Blut zu Kopf, und mit erschreckender Regelmäßigkeit droht ein weiterer Krieg in den israelischen Augustalltag einzudringen.

Letzte Woche haben wir beide eine wichtige Demonstration in Tel Aviv verpasst. Sie war wichtig wegen des Themas – gegen das Nationalitätsgesetz –, aber vor allem weil sie erstmals seit langer Zeit Juden und Araber zusammen auf die Straße gebracht hat. Allem Anschein nach war sie anders als ihre jüngsten Vorgängerinnen, an denen immer nur ein bestimmter Teil der Bevölkerung teilnahm. Nach den Videoausschnitten, die ich gesehen habe, lag ein Hauch von gemeinsamem Protest gegen den Rassismus und die Hetze seitens der Regierung in der Luft.

Plötzlich bekam ich Hoffnung, unsere Staatsführung könnte derart weit heruntergekommen sein, dass womöglich gerade jetzt Aussicht auf Veränderung besteht. Vielleicht wachen wir endlich auf und erkennen: Wenn wir nicht zusammenstehen, nicht gemeinsam um unsere Rechte kämpfen, nicht miteinander nach Frieden und Koexistenz streben, werden wir uns wahrscheinlich bald an einem sehr dunklen Ort wiederfinden, einem zu dunklen.

Ja, doch, in solchen Momenten fällt es mir schwer, nicht teilzunehmen. Andererseits versuche ich mir vorzustellen, ich würde jetzt wieder in Tel Aviv wohnen, und dann bin ich gar nicht sicher, ob ich mich nicht zwei Monate lang mit der Klimaanlage einschließen würde, bloß um den Kampf mit dem Draußen nicht aufnehmen zu müssen. Von hier, von Berlin aus, habe ich wenigstens einen klareren Blickwinkel, der es mir erlaubt, meine Gefühle besser auszudrücken. Oder vielleicht bilde ich mir das auch nur ein.

Außerdem macht das Leben Spaß hier, keine Frage. Und ich kann mit Freude berichten, dass wir nach zwei Jahren etwas Gutes von den Berlinern gelernt haben: den Sommerurlaub ernst zu nehmen. Diesmal haben wir ihn ein halbes Jahr im Voraus geplant und sind ganze drei Wochen verreist. Gleich nach der Woche in Brandenburg sind wir nach Italien geflogen, und kaum waren wir dort gelandet, fühlten wir uns heimisch. Die Luftfeuchtigkeit, die Temperatur, der Meeresgeruch, das Durcheinander, die geselligen Menschen. Es fehlten nur ein bisschen Hummus, Tahina und Essiggemüse auf dem Tisch, ansonsten war es nicht viel anders als in Jaffa am Strand.

Jeden Tag waren wir den ganzen Tag am Meer. Das Mittelmeer – was hatte ich mich danach gesehnt. Zwar bestand der Strand ganz aus grauen Kieseln statt aus weißem Sand, und das Wasser war viel klarer als in Tel Aviv, aber es hatte denselben Salzgehalt, schenkte das gleiche Gefühl von Frische.

Als wir am letzten Urlaubstag aus dem Wasser kamen, sagten wir alle dem Meer vielen Dank und auf Wiedersehen, bis zum nächsten Mal. Es hatte uns gut aufgenommen.

Jetzt geht der Alltag wieder los. In ein paar Tagen beginnt das neue Schuljahr und damit unser drittes Jahr in Berlin. Ehrlich gesagt, bin ich ziemlich aufgeregt. Ich meine, nun, da wir die Eingewöhnungsphase und das Erlernen der Sprache hinter uns haben, wird es Zeit für mich, meine künstlerischen Fähigkeiten zu entfalten. Für eine solche Entfaltung, solche Blüte, muss man natürlich auch Wurzeln schlagen. Und das ist schon komplizierter.

Ich freue mich sehr auf unser Treffen in Berlin vor deinem Rückflug!

Deine Yael

Tel Aviv, 25.8.2018

Liebe Yael,
als ich deinen Brief las, bekam ich ein schlechtes Gewissen. Ich stellte mir vor, wie du in Italien am Pool liegst, den Kindern beim Spielen zuschaust, Oliven isst, Wein trinkst, und dann flattert mein Brief mit all den deprimierenden Geschichten aus der Vergangenheit ins Haus: Adolf-Hitler-Platz, Euthanasiemorde, Juden, die über Marktplätze getrieben werden. Die Urlaubsstimmung ist dahin, und du sagst zu Aharon: »Kann sie nicht einmal aufhören mit diesem Holocaust-Zeug? Wenigstens im Urlaub?«

Ich weiß noch, wie du mir mal von deinem deutschen Freund in New York erzählt hast: Er sah umwerfend aus, hatte aber einen Nachteil. Ständig wollte er mit dir über den Holocaust reden. »Das war sooo langweilig«, hast du mir gesagt, und ich habe dir erzählt, wie ich mich in New York mal bei einer Jüdin für die Verbrechen der Nazis entschuldigte. Die Frau hat sich gar nicht mehr eingekriegt vor Lachen. Ihre Familie war vor mehr als hundert Jahren nach Amerika ausgewandert. Da war an Nazis noch nicht zu denken.

Ich fürchte, dein gut aussehender Ex-Freund und ich waren uns in dieser Beziehung ziemlich ähnlich. Keine Ahnung, was seine Gründe waren. Bei mir hatte es damit zu tun, dass ich, bis ich nach New York zog, wissentlich nie Juden begegnet war. Meine Nachbarn in Berlin-Lichtenberg waren Atheisten oder Christen, einmal klingelten Zeugen Jehovas an unserer Wohnungstür, und in der

Schule bekamen wir Besuch von Zeitzeugen, die über den kommunistischen Widerstand im Dritten Reich berichteten. Aber Juden?

Im Abitur lernte ich Daniel kennen. Er hatte lange Haare, spielte Gitarre, seine Familie war lockerer als andere. Dass sie jüdisch waren, erfuhr ich erst Jahre später, sie sprachen nicht darüber. Es schien so eine Art Geheimnis zu sein. Juden kamen in der DDR nur im Geschichtsunterricht vor. Als Opfer der Nazis. Dass sie eine eigene Geschichte, Kultur, Religion hatten, dass viele bereits vor dem Krieg nach Israel kamen, wusste ich nicht. Zionismus war ein Fremdwort für mich, der Staat Israel galt als imperialistischer Verbündeter der USA und Unterdrücker des palästinensischen Volkes. Ein Israeli, der lange in Berlin gelebt hat, sagte mir neulich, Ostdeutsche hätten Israel gegenüber einen doppelten Schuldkomplex: den Holocaust und die DDR-Ideologie.

Ich glaube, da ist was dran. Jeder schleppt ein Stück seiner Geschichte, seiner Erziehung mit sich herum, und ich denke manchmal: Wenn der Geschichtsunterricht in der Schule nicht so abstrakt gewesen wäre, wenn es jüdisches Leben in der DDR gegeben hätte, ein Theater wie das »Gorki« etwa, in dem ganz selbstverständlich Deutsch, Hebräisch und Englisch gesprochen wird, hätte ich manches damals schon besser verstanden.

Normale Geschichten, normales Leben sind der beste Weg, aus der Vergangenheit zu lernen. Manchmal findet man diese Geschichten da, wo man sie am wenigsten vermutet. Im eigenen Haus zum Beispiel. Vor zwei, drei Jahren brachte ich Frau Jarchow, einer älteren Dame, die zwei Etagen unter uns wohnt, mal wieder den Schlüssel zum Blumengießen vorbei.

Wir redeten ein bisschen über unser Viertel, und ich fragte sie, wo sie eigentlich groß geworden sei. In der Rykestraße, sagte sie und erzählte mir, wie ihre leibliche Mutter sie als Baby weggab, wie sie bei einer Jüdin aufwuchs, wie sie, das arische Mädchen, bei Bombenalarm die Treppen hinunter in den Keller lief und die Jüdin, ihre »Mama«, in der Wohnung zurückbleiben musste, wie der Nazi aus dem Erdgeschoss ihre Mama ins Gesicht schlug, einfach so, wie Mamas Mann, ein Kommunist, im KZ umkam.

Die deutsche Geschichte war auf einmal ganz nah.

Vielleicht kennst du Frau Jarchow. Sie ist die weißhaarige Frau, die jeden Morgen um neun ihre Einkaufsrunde dreht und die im Sommer, wenn alle in den Ferien sind, im ganzen Haus die Blumen gießt. Wenn du sie siehst, grüße sie von mir.

Deine Anja

Berlin, 1.9.2018

Liebe Anja,
bitte mach dir keine Sorgen wegen der Geschichten und Themen, die du für unsere Korrespondenz aussuchst. Ich lese jeden deiner Briefe begierig. Es stimmt schon, dass man uns in Israel von Kindheit an über den Holocaust unterrichtet und es fertigbringt, dieses wichtige und schwierige Thema bis zum Gehtnichtmehr durchzukauen. Aber seit unserem Umzug nach Berlin ist das Thema für mich gar nicht mehr abgedroschen, sondern mit einem Schlag wieder packend und lebendig geworden.

Hier zu leben, wo all das, was im Unterricht vorkam, geschehen ist, geht einem unter die Haut und bringt einen zum Nachdenken. Als ich mit meinem deutschen Ex-Freund in New York wohnte, war ich ein junges Ding von 21 Jahren. Der Holocaust kam mir vor wie eine Geschichte aus einer anderen Zeit ohne wirklichen Bezug zu meinem täglichen Leben (obwohl meine Großeltern Holocaustüberlebende waren).

Heute bin ich 38 und sehe die Dinge anders. Heute liegt der Holocaust für mich keineswegs lange zurück, sondern wahrlich gleich um die Ecke. Gerade letztes Wochenende habe ich David, einen Verwandten von Aharon, getroffen, den ich gern mag; er wohnt in Berlin, hat Auschwitz überlebt und seine ganze Familie im Holocaust verloren. Das Grauen von damals lebt in den Menschen um uns her noch fort.

Ich denke und staune immer wieder, was für ein dynamischer Ort die Welt doch ist. Ungeheure Entwicklungen laufen unfassbar schnell ab. Was könnte denn surrealistischer sein als die Tatsache, dass Aharon und ich nach Berlin gezogen sind, um uns ein besseres und richtigeres Leben zu ermöglichen, obwohl unsere Großeltern vor gar nicht langer Zeit von hier geflohen sind oder vertrieben wurden. Sicher ist jedenfalls, dass uns die Geschichte daher in Trab hält, uns hellhörig für mögliche Umwälzungen macht. Wir sind uns darüber bewusst, dass alles zeitweilig und veränderlich ist und man die Landkarte irgendwie auch dann zu lesen wissen muss, wenn dem Auge erhebliche Teile verborgen sind.

Einen Tag bevor du von eurem Sommerurlaub in Brandenburg und Berlin nach Israel zurückgeflogen bist, hast du es bei allem Hochdruck noch geschafft, mich auf einen Kaffee zu treffen. Es war wunderbar, dich zu sehen. Zwar kommt es mir auch, wenn wir einander schreiben, immer wie eine Begegnung vor, aber dir persönlich gegenüberzusitzen, in deinem Viertel, das jetzt auch ein bisschen meines ist, ist doch etwas anderes. Ich fand dich sehr schön. In deinen Augen sah man den blauen See und das Grün des Waldes, in dem ihr Urlaub gemacht habt.

In den letzten Tagen hat die Hitze in Berlin aufgehört. Ein Herbstwind ist aufgekommen und bringt Vorboten der Kälte, die vielleicht gerade, während ich dies schreibe, auf dem Weg hierher ist. Mir graut dieses Jahr ein wenig vor dem Winter.

Es ist Nachmittag. Ich stelle mir vor, wie du am Ende des Tages am Strand entlanggehst. In Tel Aviv beginnt nun die schönste Jahreszeit. Die Hitze lässt nach, und das Wetter wird perfekt fürs Baden im Meer, das in den Herbstmonaten seine Bestform erreicht.

Wie du vielleicht zwischen den Zeilen liest, fällt mir die Rückkehr nach unserem Urlaub etwas schwer. Einen ganzen Monat waren wir fern von Berlin, und anscheinend brauche ich Zeit, um mich wieder einzugewöhnen, erneut zu begreifen, warum wir hier sind, was diese Sprache ist, die alle ringsum sprechen, die Mentalität, das Temperament.

Trotzdem arbeite ich auf Hochtouren in der Hoffnung, bei der Arbeit werde sich auch das Zugehörigkeitsgefühl einstellen. Letzte Woche habe ich mich um die neue Website von Framed gekümmert und daneben auch neue Lieder auf Englisch geschrieben, die ich Anfang September aufnehmen lassen möchte. Ich warte schon aufgeregt auf den Aufnahmetermin. Wie es gelaufen ist, werde ich dir wohl im nächsten Brief erzählen.

Deine Yael

Tel Aviv, 8.9.2018

Liebe Yael,
es war schön, dich in Berlin zu sehen. Es fühlte sich so leicht an, weil ich dir nie erklären muss, wie es ist, zwischen den Welten zu leben, weil du immer gleich weißt, wovon ich spreche. Außerdem kam mir Berlin an jenem Morgen noch lässiger, bunter und weltstädtischer vor. Vielleicht lag das auch daran, dass Ai Weiwei am Nachbartisch saß und ein Mann mit Kippa an uns vorbeilief. Es war, als wollte meine Heimatstadt uns etwas beweisen.

    Jetzt bin ich wieder hier, in deiner Heimat, und ich weiß gar nicht, wovon ich dir zuerst erzählen soll. Merkwürdige Sachen passieren. Mit meinem Hut fing es an. Ich habe ihn in einem Laden in der Nähe des Yafo-Flohmarktes gekauft; der erste Strohhut meines Lebens. Er sollte mich vor der Sonne schützen, aber nach ein paar Wochen fiel er zusammen, die Krempe hing mir ins Gesicht, ich brachte ihn zurück in den Laden.

    Es ist ein wunderbarer kleiner Laden, in dem es vor allem israelische Produkte gibt. Die Verkäuferin, sonst immer freundlich, sah den Hut an und sagte schroff, er sei immer so gewesen. »Nein«, sagte ich, »doch«, sagte sie. So ging es hin und her, bis sie mir den Hut aus der Hand nahm und sagte: »Kommen Sie in einer Woche wieder!«

    Vor lauter Schreck fragte ich nicht mal, was sie mit dem Hut vorhatte, und ließ mir auch keine Auftragsbestätigung geben. Dafür rätselte ich tagelang, was mich erwarten würde. Ein reparierter Hut? Ein neuer Hut? Gar kein Hut?

Eine Woche später machte ich mich auf den Weg, um den Hut abzuholen. Ich nahm Alex zur Verstärkung mit. Es war Montagabend, am Tag zuvor war in der Nähe des Marktes ein Haus abgebrannt, alle Nachbarn redeten davon, über den Laden im Erdgeschoss, in dem es chinesische Billigprodukte gab, und über den Besitzer, einen alten arabischen Mann, der mit einer jungen Frau verheiratet war. Beide waren in dem Feuer gestorben.

Ich war mir nicht ganz sicher, um welches Haus es sich handelte, aber als wir näher kamen und die Absperrung sahen, die verrußte Fassade, das Loch in der Wand, fiel es mir wie Schuppen von den Augen. Der abgebrannte Laden war im gleichen Haus wie mein Hutladen, nur eine Tür weiter. Es gab ihn noch, aber auch hier war alles schwarz, die Rollos, die Fenster, die Wände.

Fassungslos stand ich vor dem Haus, dachte an den toten Besitzer und seine Frau, und ja, an meinen Hut dachte ich auch. Ich fragte mich, ob er mitverbrannt war, und je länger ich darüber nachdachte, desto seltsamer kam mir das alles vor. Mir fiel wieder ein, wie die sonst so nette Verkäuferin sich auf einmal benommen hatte, ich fragte mich, ob sie vielleicht wusste, dass ihr Laden in einer Woche sowieso dicht sein würde, ob sie vorher noch eine gute Versicherung abgeschlossen hatte, ob es ein Komplott gegen den arabischen Billigladen gab, ob mein Hut in einen Gentrifizierungskrimi geraten war.

Alex warf mir vor, hartherzig zu sein. Ich solle lieber an die Todesopfer denken. Seine Assistentin berichtete, es gebe Hinweise auf Brandstiftung und Schutzgelderpressung. Wir wechselten das Thema, mein Mann hatte eine Überraschung für mich: Karten für ein Musikfestival in einem Kibbutz im Norden des Landes, Lana Del Rey würde singen. Ich mag Lana Del Rey und wollte schon lange mal nach Galiläa fahren.

Wir buchten ein Hotel, aber in dem Moment, als die Bestätigung kam, tauchte auf meinem Handy noch eine andere Meldung auf: »Lana Del Rey sagt Meteor-Musikfestival ab.« Entsetzt las ich weiter, obwohl ich den Grund bereits ahnte: Aktivisten der Boykottbewegung BDS hatten so lange Druck auf die Musikerin ausgeübt, bis sie sich zur Absage entschied. Lana Del Rey war in den Nahostkonflikt geraten. Sie war nur die Erste, in den nächsten Tagen folgten weitere Absagen, elf Bands waren es bis gestern.

Wir fahren trotzdem, auch wenn gar keiner mehr spielt, auch wenn wir die einzigen Besucher sein werden. Es wird auf jeden Fall ein Israel-Erlebnis der besonderen Art. Wenn du also diesen Brief liest, kann es sein, dass ich neben Alex in einem Kibbutz im Norden des Landes vor einer leeren Bühne sitze.

Ohne Hut.

Deine Anja

Berlin, 15.9.2018

Liebe Anja,
klingt völlig surrealistisch, die Geschichte von dem abgebrannten Laden, dem leeren Stadion im Norden und natürlich dem Hut, die dich über den Nahostkonflikt zu dem Brief und damit geradewegs in mein Herz geführt hat. Etwas daran hat mich tief berührt, inspiriert. Vielleicht war es die Schilderung der leeren Bühne. Sogar die Musik, diese gute und reine Kunst, leidet unter dem Konflikt.

Letzte Woche habe ich drei Songs aufgenommen. Zusammen mit den großartigen Musikern Tomer Moked Blum und Haggai Cohen Milo gingen wir in das schöne Studio hier im Viertel, um einen ganzen Tag Musik zu machen. Ich liebe die Studioarbeit. Die Welt bleibt draußen, ich bin in einer Blase, in der man gemeinsam Unglaubliches vollbringen kann – den Augenblick, die einmalige Bewegung, das spontane Gefühl verewigen.

Als Erstes nahmen wir den Refugee Blues auf. Aharon hat mich vor etwa einem Jahr auf dieses Gedicht aufmerksam gemacht. W. H. Auden schrieb es 1939 aus der Sicht eines Flüchtlings über Nazideutschland. Fast achtzig Jahre ist das her, und doch ist dieser Text in einigen Weltregionen leider immer noch relevant. Als ich ihn vertonte, dachte ich vor allem an die syrischen Flüchtlinge, meine Freunde aus dem Deutschkurs hier in Berlin, und an die afrikanischen Flüchtlinge in Israel. Ich stellte mir vor, einer von ihnen zu sein, mich nach meinem Zuhause zu sehnen, in das ich nicht zurückkehren kann, und unterdessen in einem fremden Land an verschlossene Türen zu klopfen. Natürlich bin ich kein Flüchtling, keine Asylsuchende, und doch wollte ich diesen Text singen.

Erstmals nehme ich Songs in Englisch auf. Die Sprache ist mir nicht fremd. Ich habe während meines Musikstudiums vier Jahre in New York gelebt, und ich höre natürlich zeit meines Lebens Musik auf Englisch und bin von dieser Kultur beeinflusst, aber wenn ich in einer anderen als meiner Muttersprache singe, sind einige Gefühlsfrequenzen ein Stückchen blockiert. Es geht um Feinheiten, die schwer zu benennen sind. Meine Seele ist der hebräischen Sprache verbunden, meine Stimme erklingt seit dem Tag meiner Geburt durch den spezifischen Filter des Hebräischen, und nun ist es ein anderer Filter, eine andere Geschichte. Deshalb bangte mir etwas vor den Aufnahmen, zumal sie den Anfang meines neuen Weges als komponierende Sängerin bezeichnen. Zehn Jahre lang habe ich einen bestimmten Weg in Israel beschritten – und nun ein neuer Ort, eine neue Szene, eine neue Sprache ...

Zum Glück war alles halb so schlimm, und der Tag im Studio verlief bestens. Ich bin sogar zufrieden mit dem Ergebnis (was keineswegs selbstverständlich ist). Welche Ohren werden diesen Songs lauschen? Das heißt, wohin werden mich die neuen Lieder führen? Eins ist sicher: Wenn ich damit in Israel auftrete, werde ich nicht in letzter Minute – oder überhaupt – absagen, und ich wäre glücklich, wenn du und Alex zum Zuhören kommen würdet.

Interessant, dass sich all dies jetzt kurz vor dem jüdischen Neujahrsfest ereignet hat. Rosch Haschana, der Jahresbeginn, gilt als der Tag, an dem Gottes Königtum über die Menschheit stets neu anerkannt wird, als Tag des Gerichts, an dem der Mensch Rechenschaft für das vergangene Jahr ablegen muss und an dem sich sein Schicksal im kommenden Jahr entscheidet. Eine gute Zeit für Neuanfänge, heißt es.

Meine Mutter und meine Großmutter sind über die Feiertage zu uns gekommen. Es war ergreifend, vier Generationen an einem Tisch zu haben. Meine Großmutter machte ihre berühmten Burekas, nach denen ich mich so gesehnt hatte, meine Mutter backte eine perfekte Challa, und es war ein frohes Fest. Man isst an Rosch Haschana traditionell Apfelschnitze, in Honig getaucht, mit einem Segensspruch für ein gutes und süßes Jahr.

Ich wünsche dir und mir und allen, dass es ein gutes und süßes Jahr werden möge.

Deine Yael

Tel Aviv, 22.9.2018

Liebe Yael,
du ahnst sicher, worüber ich diesmal schreibe: Mein erstes Jom Kippur, der höchste aller Feiertage im Judentum. Für mich fing er in gewisser Weise vor zwei Monaten an, als ich Flüge für meine Mutter nach Tel Aviv buchte. Sie wollte an einem Donnerstag fliegen, aber die Flüge am Dienstag waren günstiger. Ich schlug zu, überzeugt, ein tolles Schnäppchen gemacht zu haben.

Zweifel kamen mir erst vor ein paar Tagen, als ich meiner Nachbarin erzählte, dass wir am Dienstag Besuch aus Deutschland bekommen.

»Dienstag?«, fragte sie. »Beginnt da nicht Jom Kippur?«

»Ich glaube ja«, sagte ich arglos. »Ich kenne die jüdischen Feiertage aus New York, ich weiß, dass die Kinder, kaum dass die Sommerferien vorbei sind, gleich wieder freihaben und dass Jom Kippur kein fröhlicher Feiertag ist, sondern ruhig und besinnlich.«

Meine Nachbarin wies mich darauf hin, dass es in Israel anders ist als in New York, noch ernsthafter, noch besinnlicher. Nicht nur die Schulen seien geschlossen, auch alle Läden, Restaurants und Museen. Zeitungen erscheinen nicht, das Fernsehen sei abgeschaltet, der Flughafen gesperrt, auf den Straßen fahren keine Autos.

Der Flughafen gesperrt, keine Autos auf den Straßen?

Panik ergriff mich. Ich stellte mir vor, wie meine Mutter, die weder Englisch noch Hebräisch spricht, auf dem Ben-Gurion-Flughafen darauf wartet, abgeholt zu werden, und wir in Jaffa festsitzen, weil die Straßen gesperrt sind, oder wie ihr Flugkapitän kurz vor der Landung vom israelischen Tower die Mitteilung bekommt, dass der Flughafen jetzt leider feiertagsbedingt schließen muss, wie sie in Jordanien strandet oder zurück nach Schönefeld fliegen muss. Um 12.20 Uhr sollte ihr Flugzeug in Tel Aviv landen, um 13.35 Uhr machte der Ben-Gurion-Flughafen dicht. Es würde verdammt knapp werden.

Am Dienstagmorgen checkte ich alle fünf Minuten im Flight Tracker, wo sich das Flugzeug gerade befand, und wurde Zeuge eines kleinen Wunders. Nicht nur, dass der Airbus auf die Minute genau in Schönefeld startete, er kam sogar fünfzehn Minuten vor der geplanten Landezeit an. Die Einreise war ein Kinderspiel: Keine Fragen bei der Passkontrolle, kein Warten am Gepäckband, die Straßen so leer, dass die Fahrt nach Jaffa nur 20 Minuten dauerte. Meine Mutter, der ich nichts von den Unwägbarkeiten ihrer Reise erzählt hatte, um sie nicht unnötig aufzuregen, staunte, wie glatt alles lief, wie schön ruhig wir es hier haben. Die Nachbarn, die mit uns mitgefiebert hatten, riefen, hier sei es immer so: »Willkommen in Israel!«

Es war ein unvergessliches erstes Jom Kippur. Keine Autos, keine Flugzeuge, keine Touristenbusse, kein Baulärm, kein Gedränge in den Straßen, selbst der Nahostkonflikt ruhte für einen Tag. Wir fuhren mit den Rädern durch Tel Aviv und teilten uns die sechsspurige Hayarkon mit ein paar Fußgängern, Skatern und Liebespaaren auf Elektrorollern. Noch nie bin ich so schnell von einem Ende Tel Avivs zum anderen gekommen, noch nie sind mir all die Skulpturen und Springbrunnen in der Stadt aufgefallen, noch nie war der Rothschild-Boulevard so schön, noch nie die Luft so klar. Die Luftverschmutzung geht an Jom Kippur in Städten wie Tel Aviv und Jerusalem um 90 Prozent zurück, habe ich gelesen.

Auf dem Rückweg machten wir einen kleinen Umweg und fuhren durchs Zentrum von Jaffa, um zu sehen, ob sich die arabische Bevölkerung an die Regeln des jüdischen Feiertages hält. Es dauerte nicht lange, bis wir vom ersten Auto überholt wurden und den ersten offenen Laden sahen, einen Fahrradhändler, der an diesem autofreien Tag vermutlich den Umsatz seines Lebens machte. Je weiter wir fuhren, desto belebter wurde das Viertel. Die feierliche Stimmung war so schnell weg, wie sie gekommen war.

Zu Hause angekommen, fragte Alex: »Ab wann geht das Fernsehen wieder?« Es war immer noch Jom Kippur, aber es war auch der erste Spieltag der Champions League.

Deine Anja

Berlin, 29.9.2018

Liebe Anja,
ja, ich habe mir gedacht, dass du über Jom Kippur berichten würdest. Es musste ein Erlebnis für euch werden, in Tel Aviv, »der Stadt ohne Pause«, unterwegs zu sein, ohne ein einziges Auto zu sichten. Als sei die Zeit stehen geblieben.

Solange ich zurückdenken kann, sind wir, obwohl gar nicht religiös, an Jom Kippur mit der ganzen Familie in die Synagoge gegangen, nie an anderen Feiertagen. Natürlich fuhren wir an dem Tag auch Fahrrad mit Freunden. Am Strand angekommen, warfen wir Steinchen in die Wellen und baten um Vergebung.

Für unsere Familie ist es auch ein belasteter Tag. Ein Bruder meiner Mutter ist im Jom-Kippur-Krieg 1973 mit 21 Jahren gefallen. Deshalb liegt um diese Zeit immer große Trauer unter der Oberfläche. Ich sage das so, weil die Trauer schwer erkennbar ist. Meine Mutter und ihre Eltern waren stets lebenszugewandt und sprachen nicht über ihre Trauer. Aber ich habe sie immer gespürt. Und mit den Jahren spüre ich sie stärker, vielleicht weil mein Großvater gestorben ist oder ich selbst Mutter geworden bin.

Dies war schon mein dritter Jom Kippur in Berlin. Wieder gingen wir in die Synagoge Rykestraße. Wir holten die Kinder von der Schule ab, zogen ihnen weiße Hemden an und radelten zum Kollwitzplatz. Es war ein sonniger Tag, die Straßen wimmelten von Cafégästen, Autos, Straßenbahnen, nichts war feierlich.

Am Synagogenportal standen vier bewaffnete Polizisten und ein junger Mann in Festtagskleidung, der Deutsch und Hebräisch sprach, offenbar ein Sicherheitsoffizier. Er befragte alle, ehe sie eintreten durften. Wir wurden schnell mit »gemar chatima tova« durchgelassen, sogar einer der deutschen Polizisten wünschte auf Hebräisch »einen guten Eintrag ins Buch des Lebens«.

Die Synagoge ist schön, viel größer und feierlicher als unsere in Israel. Die Kinder erinnerten sich gar nicht. Haben wir sie letztes Jahr nicht mitgenommen? Jedenfalls trafen mich ihre Fragen unvorbereitet: »Warum stehen da Polizisten mit Pistolen?«

Ich erklärte ihnen, man habe früher mal (erfolgreich) versucht, Berliner Synagogen zu zerstören.

»Aber warum sollte jemand die Synagoge zerstören wollen?«

Ja, warum? Ich versicherte, man brauche wirklich keine Angst zu haben.

»Warum sind dann so viele Polizisten da?« Manchmal bringen diese klugen Kinder Blasen zum Platzen, die man lieber ganz lassen würde.

»Warum muss man eine Kippa aufsetzen?«

»Aus Achtung vor der Synagoge und den Gläubigen hier«, antwortete ich.

»Was heißt ›gemar chatima tova‹?« Ich setzte zu einer langen Erklärung über Sünden und Vergebung an und verhedderte mich zusehends.

»Glaubst du an Gott, Mama?« »Warum sind wir Juden?« »Können wir jetzt nach Hause gehen?« »Warum sitzen Männer und Frauen nicht zusammen?« Zwischen dem Kleinen (5) und dem Großen (7), die mich endlos ausfragten, geriet ich ins Schwimmen, fühlte mich mehr denn je als Emigrantin.

Ich hatte nicht vor, so viel über Jom Kippur zu schreiben. Ich wollte eigentlich erzählen, dass ich die Website meines Salons ins Netz gestellt habe und endlich neue Veranstaltungen in Sicht sind. Aber heute kam die Antwort auf meinen Finanzierungsantrag. Sie war negativ. Das hat mir ein bisschen den Wind aus den Segeln genommen.

Morgen ist ein neuer Tag. Ich werde schlafen gehen und mit neuen Kräften aufstehen. Bis zum nächsten Brief,

deine Yael

Tel Aviv, 6.10.2018

Liebe Yael,
ich muss dich etwas fragen. Es geht um Männer und Frauen, um Gleichberechtigung. Kann es sein, dass hier in Israel ein anderes – altmodischeres – Frauenbild herrscht?

Ich denke darüber nach, seit ich mit L. zum Mittagessen verabredet war. L., die Schauspielerin, du hast sie uns vorgestellt, und M., ihren Mann. Wochenlang haben L. und ich versucht, uns zu verabreden, aber sie hatte jeden Abend Aufführungen, wir kriegten es einfach nicht hin. Vor ein paar Wochen schließlich schlug sie mir vor, zusammen mittagessen zu gehen, Freitag um zwei. »Sehr gerne«, schrieb ich zurück.

Ich fuhr mit dem Rad zum Restaurant. L. war noch nicht da. Die Kellnerin aber wusste Bescheid. L. habe einen Tisch für vier bestellt, sagte sie.

Für vier? Die Kellnerin musste etwas durcheinandergebracht haben, oder L. brachte zwei Freundinnen mit.

Nach fünf Minuten kam sie, allein, wir setzten uns und studierten die Karte. M. parke noch das Auto, sagte sie beiläufig.

»M.«?

»Ja«, sagte sie, wo eigentlich Alex sei.

»Zu Hause«, sagte ich.

L. sah mich erstaunt an. »Warum kommt er nicht?«, fragte sie.

»Weil er nicht eingeladen war. Wir beide waren doch verabredet.«

»Ja, aber mit den Männern«, sagte sie.

»Wir haben immer nur von uns gesprochen«, sagte ich.
»Genau«, sagte L., »uns heißt wir, wir vier.«
Schlagartig begriff ich. Wir hatten wochenlang aneinander vorbeigeschrieben. Auf Englisch, wo »you« sowohl »du« als auch »ihr« heißt. Ich war davon ausgegangen, dass nur sie und ich uns sehen. Sie wollte ein Pärchentreffen. Gleich würde M. hier sein.
Ich rief Alex an. Ob er schnell kommen könne?
»Warum denn das?«, fragte er, er hatte es sich gerade zu Hause gemütlich gemacht und keine Lust, so als Nachzügler einbestellt zu werden.

Inzwischen war auch M. da. Er sah sofort, was los war, und bot an, wieder zu gehen. »Nein, nein«, sagte ich und entschuldigte mich, nicht besonders glaubhaft, fürchte ich. Ich hatte nicht im Geringsten das Gefühl, etwas falsch gemacht zu haben. Nie im Leben würden meine Berliner Freundinnen auf die Idee kommen, ihre Männer zum Mittagessen mitzubringen, ohne dass wir das vorher ausgemacht haben.
Das sei eine kulturelle Sache, erklärte M., als endlich alle da waren und die erste Flasche Wein auf dem Tisch stand. Wenn man hier, in Israel, von »wir« spreche, sei immer auch der Ehepartner gemeint. Wolle man sich alleine verabreden, müsse man ausdrücklich darauf hinweisen. M. lachte. Alle lachten, die Sache war erledigt, wir hatten einen wunderbaren Nachmittag zu viert.
Mir ließ es trotzdem keine Ruhe. Ich weiß, dass ultraorthodoxe Familien wie im Mittelalter leben und in Israel Frauen ohne die Genehmigung ihrer Männer nicht die Scheidung einreichen dürfen. Aber das hier war Tel Aviv, die modernste, liberalste Stadt Israels.
»Wann wart ihr denn verabredet?«, fragte ein Professor, dem ich die Geschichte später erzählte.

»Freitag um zwei«, sagte ich. »Am Sabbat also«, sagte er und sah mich an, als hätte ich L. an ihrem Hochzeitstag entführen wollen. »Am Sabbat ist die Familie zusammen, da geht man nicht ohne seinen Partner weg«, sagte der Professor streng.

Ein paar Abende später rief M. an. Er wollte mit Alex Fußball sehen. Ich könne natürlich mitkommen, ließ er mir ausrichten, auch wenn L. Vorführung habe. Das war nett von ihm. Aber ich blieb zu Hause und blätterte ein bisschen in einem der Bücher, die mir der Historiker Götz Aly vor meinem Umzug mitgegeben hatte. Es heißt »Die jüdische Mutter«, an einer Stelle steht: »Die Frau umwandelt/umgibt/umkreist den Mann«, an einer anderen: »Die Frau ist das Haus.« Es ist ein uraltes Zitat, aber ich finde, es passt immer noch, zu L. und M., aber auch zu anderen Ehen, die ich kenne, guten Ehen. Bei manchen ist aber auch der Mann das Haus.

Was macht dein Haus, Yael? In welche Fettnäpfchen bist du schon so getreten, seit du in Berlin bist? Fragt

deine Anja

Berlin, 13.10.2018

Liebe Anja,
in Tel Aviv gehören die Stunden von Freitagnachmittag bis Samstagabend – selbst in den weltlichsten Kreisen – der Familie. In unserem verrückten Land bleibt unter der Woche kaum Zeit füreinander. Alle, Frauen wie Männer, arbeiten endlos, sodass Ehepartner manchmal nicht zusammenkommen, obwohl sie zusammen wohnen. Deshalb sind Freitag und Samstag heilig.

Der Freitagvormittag dient Besorgungen, für die unter der Woche keine Zeit war, sowie Einkäufen und Vorbereitungen für den Abend. Fast alle israelischen Familien essen dann gemeinsam. Bei uns geschieht das jeden Freitagabend, sei es bei meinen Eltern, meiner Schwiegermutter, meiner Großmutter, meinem Bruder oder bei uns. Dann gibt es schier ungeheure Mengen leckeren Essens, viele Kinder und viel Wirbel. Zwischen den morgendlichen Tätigkeiten und dem Aufbruch zum Familienmahl bleiben gerade mal zwei, drei Stunden.

Und tatsächlich ist nichts schöner als Tel Aviv am Freitagnachmittag. Der Himmel, die Luft, die Straßen – alles ist ein bisschen anders. Das Gefühl lässt sich schwer in Worte fassen, aber ich sehne mich danach. Erst kürzlich sagte Aharon, er fände es komisch, dass wir hier Freitag als gewöhnlichen Tag betrachteten. Anfangs haben wir versucht, die Freitagabendessen auch in Berlin beizubehalten, aber es klappt nicht immer, vielleicht weil wir hier nur zu viert sind oder weil das festliche Gefühl von Tel Aviv fehlt oder wegen beidem.

Und dann kommt der Samstag. In Israel zerfällt er in zwei Abschnitte: Vor- und Nachmittag dienen dem Ausruhen, der Familie, Ausflügen, und am Abend stellt sich meist jene Missstimmung ein, die in etwa dem Sonntagabendblues in Deutschland entspricht.

Die Wochenenden in Berlin unterscheiden sich erheblich von denen in Tel Aviv, schon weil sie zwei ganze Tage dauern. Die Woche endet am Freitag, danach hat man Samstag und Sonntag frei. Man kann das ganze Wochenende öffentliche Verkehrsmittel benutzen (die in Israel am Schabbat nicht fahren), und die Ruhe dauert zwei Tage – für mich genau die nötige Zeit, um mit neuen Kräften in die Arbeitswoche zu starten. Zwei Ruhetage pro Woche, das ist ein echtes Start-up. Chapeau!

Zu deinen Fragen: Männer und Frauen in Israel. Und: Wie ist das bei dir?

Ich glaube, in Israel, wie in Deutschland, variiert die Stellung von Frau und Mann je nach Gegend und Familie, hängt stark vom kulturellen Hintergrund ab. Deshalb kann ich die erste Frage schwer beantworten. Du wirst mancherorts krassen Chauvinismus und anderswo Feminismus finden. Ich kann nur von mir und meinem Kreis sprechen, und da ist die Stellung der Frauen einerseits beeindruckend, denn die meisten sind erwerbstätig und erfolgreich, machen Karriere, aber andererseits sollen sie auch treu sorgende Mütter und Ehefrauen sein, den Haushalt führen und Essen kochen – kurz, Superwomen werden. Karriere ja, kein Problem, aber nicht auf Kosten anderer Dinge.

Tatsächlich sind die meisten Frauen, die ich kenne, sehr stark und begabt, aber in einem endlosen Dauerlauf gefangen. Und so war ich auch selbst: Bloß nicht irgendwas weglassen, sondern auf allen Gebieten spitze sein. Manchmal macht es Spaß, aber oft ist es erschöpfend.

Vor unserem Umzug nach Berlin hatte ich Krebs (heute bin ich, gottlob, gesund), und wir alle haben damals eine schwere Zeit durchgemacht. Nach Abschluss der Behandlungen meinte ich, innehalten und diesen Dauerlauf neu überdenken zu müssen. Auch deshalb sind wir hergezogen, um neu anzufangen, einen Gang runterzuschalten, zu Kräften zu kommen.

Und tatsächlich, obwohl ich von Natur aus quirlig bin und kaum still sitzen kann, habe ich hier in Berlin mehr Freiraum, mehr Möglichkeiten, Pausen einzulegen, auszuruhen, nicht immer in allem spitze zu sein.

Am nächsten Wochenende kommen wir auf Besuch nach Israel. Natürlich wäre es schön, wenn wir uns treffen könnten.

Deine Yael

Tel Aviv, 19.10.2018

Liebe Yael,
du kommst genau zur richtigen Zeit nach Tel Aviv. Der Oktober in Tel Aviv erinnert mich an den August in Berlin und den September in New York. Die Hitze schwindet, die Luftfeuchtigkeit sinkt, der Himmel ist immer noch blau, aber klarer, leuchtender, alles wirkt auf einmal so leicht und frisch, als atme die Stadt nach langer Zeit endlich einmal wieder tief durch.

    Noch nie im Leben habe ich so einen langen Sommer erlebt. Er hat im März angefangen und ist immer noch nicht vorbei. Auch wenn ich so tue, als ob. Ich war seit zwei Wochen nicht mehr im Meer baden, obwohl es vermutlich gerade jetzt genau die richtige Temperatur hat. Ich ziehe abends eine Strickjacke und lange Hosen an, nicht weil mir kalt wäre, sondern weil Ende Oktober ist, Zeit für Strickjacken und lange Hosen. Es ist, als werde ich ferngesteuert, als verlange meine deutsche Seele, von der ich bisher gar nicht wusste, dass es sie gibt, nach einem ordentlichen Herbst. Das Thermometer zeigt 29 Grad im Schatten an. Die deutsche Seele ruft: Rollkragenpullover.

    Jeden Morgen stehe ich vor meinem Kleiderschrank und würde am liebsten all die Röcke und Sommerkleider in eine Kiste werfen und in den Keller bringen, wie ich das in Berlin mache. Ich sehne mich nach Blätterharken im Garten, Astern pflanzen auf der Terrasse, Spaziergängen um Brandenburger Seen, ich hätte auch nichts gegen Scheibenkratzen am Morgen.

Als ich noch in Berlin war, habe ich mich auf den milden Tel Aviver Winter gefreut, ich stellte es mir himmlisch vor, in einer Welt zu leben, in der die Temperatur selten unter 15 Grad sinkt. In Jerusalem soll es manchmal schneien, hier am Meer gibt es mal einen Starkregen, eine Überschwemmung, dann scheint wieder die Sonne. Seit sieben Monaten nichts als Sonne! Sehnsüchtig sehe ich jeder Wolke hinterher und frage mich, wie es sein wird, wenn in Berlin die erste Kerze am Adventskranz brennt, die Weihnachtsmärkte öffnen und ich hier immer noch in kurzen Hosen durch die Stadt laufe.

Mein Nachbar hat mir neulich stolz erzählt, er habe einen ganz tollen Weihnachtsbaum.

»Jetzt schon?«, fragte ich.

»Es ist natürlich ein künstlicher«, sagte er. Dann fragte er, ob ich wirklich vorhabe, einen echten Baum aufzustellen. Für ein paar Tage, um ihn dann wegzuwerfen! Er sah mich an, als gehöre ich irgendeiner christlich-orthodoxen Sekte an, und in dem Moment kam es mir selbst ein wenig irre vor: Biomilch kaufen, aber Bäume wegwerfen.

Weihnachten kommt die Familie aus Berlin. Wir fahren zusammen ins Banksy-Hotel in Bethlehem, in der Hoffnung, dass sich auch neben einer sieben Meter hohen Mauer ein bisschen Weihnachtsgefühl einstellen wird. Silvester haben sich Freunde aus Berlin angemeldet. Es beruhigt mich, dass Alex und ich nicht die Einzigen im Land sein werden, die auf das neue Jahr anstoßen, das hier ja längst angefangen hat. Als Alex mich neulich fragte, worauf ich im Urlaub Lust hätte, sagte ich wie aus der Pistole geschossen: »Skifahren«.

Wahrscheinlich bin ich einfach hoffnungslos deutsch, eine Nordeuropäerin mit Tschapka und Winterfell. Manchmal höre ich im Auto über eine Handy-App deutsche Nachrichten, den deutschen Wetterbericht und die deutschen Verkehrsnachrichten. Ich fahre durch die Jerusalemer Berge und erfahre, dass im Tunnel Tegel gerade stockender Verkehr ist, sich zwischen Bestensee und Groß Köris ein Reh auf der Fahrbahn befindet und es in Berlin Nachtfrost geben wird. Nachtfrost, was für ein wunderbares Wort. Kann man das überhaupt übersetzen?

Berliner Freunde schwärmen, wie grandios der Berliner Sommer war, wie grandios er immer noch ist. Super, sage ich und hoffe insgeheim auf einen Kälteeinbruch. In acht Tagen fliege ich nach Berlin. Es wäre schön, wenn ich im Wintermantel aus dem Flugzeug steigen könnte. Meine deutsche Seele braucht das, so wie deine israelische wahrscheinlich jetzt sehr viel Licht, Meer und Wärme braucht.

Deine Anja

Berlin, 26.10.2018

Liebe Anja,
vor ein paar Tagen sind wir in Tel Aviv angekommen. Wir landeten am Nachmittag und fuhren direkt zu meinen Eltern. Dort war der Mittagstisch schon gedeckt. Meine Mutter hatte jedem sein Leibgericht zubereitet: zwei Sorten Hummus aus Jaffa für Aharon, Schnitzel und Pasta für die Kinder, gebratene Auberginen und Kyopolou, ein Dip aus Auberginen, Tomaten und gegrillten Paprikaschoten für mich, dazu Tahina, israelischer Salat und noch so viel mehr. Wir hauten rein, als wären wir von einer vierzigjährigen Wüstenwanderung heimgekehrt.

Danach fuhren wir zum Abendessen zu Aharons Mutter. Wir konnten uns nicht vorstellen, dass wir nach dem großen Mittagsmahl auch noch einen Bissen runterbringen würden, wollten vor allem meine Schwiegermutter und all die Cousins und Cousinen treffen, die extra unsretwegen gekommen waren. Doch als die Tür aufging und wir den gedeckten Tisch sahen, vergaßen wir das Mittagessen und aßen weiter. Die Kinder spielten zusammen, uns ging es gut.

Am nächsten Morgen lud meine Großmutter alle zum Frühstück auf der Terrasse unter dem Pekannussbaum ein, mit ihren berühmten Burekas, die man nicht verschmähen kann. Ich aß mindestens acht Stück, dazu sauren Hering, ein hartes Ei, Salat, Schafskäse – und zum Nachtisch natürlich Kaffee und Kuchen. Kurz gesagt, kaum 48 Stunden nach unserer Landung hatte ich schätzungsweise zwei Kilo zugenommen.

Gleich nach dem Frühstück kam der Augenblick, auf den ich mich am meisten gefreut hatte: Wir gingen an den Strand. Das Meer war herrlich, wie meist in der Übergangszeit, das Wasser glasklar, die Temperatur perfekt. Die Sonne brannte nicht zu sehr, der Strand war fast leer.

Ich schwamm weit hinaus, blickte zum Horizont und dachte mir: Selbst wenn die Lage im Land noch so schwierig ist und man meint, dass alles auseinanderbricht – es bleibt doch immer noch das Meer. Das kann man uns nicht wegnehmen.

Als wir vom Strand aufbrachen, stellten wir fest, dass wir alle rote Gesichter und Schultern hatten. Wir waren wirklich Deutsche geworden. Früher konnte ich den ganzen Tag am Strand verbringen, ohne Sonnenbrand zu bekommen. Unsere Haut hat sich offensichtlich schon auf das neue Klima umgestellt.

Heute Nachmittag saßen wir vier mit meiner Mutter, meiner Großmutter, meinem jüngeren Bruder, meiner Schwiegermutter und einer Jugendfreundin am Tisch vor zwei Riesenpizzas, die fünf Minuten zuvor geliefert worden waren. Während des Essens entstand eine lebhafte Diskussion über Eigentum, Hypotheken, Gehälter, Steuer und auch über Sicherheit – private Sicherheit, die Sicherheit des Staates Israel in der Zukunft, die Angst vor der Diaspora –, wie das Herz in die Welt hinausdrängt, aber erneute Verfolgung fürchtet: diese Dualität zwischen dem Bedürfnis nach Wurzeln und dem nach neuer Verwurzelung.

Ich wohne in Europa, bin aber verwurzelt in Israel, obwohl meine Großeltern in Europa entwurzelt wurden – eine Art Teufelskreis, in dem sich das jüdische Volk wohl schon jahrhundertelang bewegt. Das führt mich zurück zu der arglosen Frage meines Sohnes vor ein paar Wochen an Jom Kippur in der Synagoge: »Mama, warum sind wir Juden?«

Die Besuche in Israel sind für mich immer vollgestopft mit Erledigungen, Freunden, Familie, Essen und Informationen, aber auch voll mit Gefühlen, einem Gemisch aus Nostalgie und Abneigung, Zugehörigkeit und Unzugehörigkeit, Schuld und Dankbarkeit. Vom Augenblick der Landung bis zum Abheben zurück nach Berlin ist es eine Achterbahn der Gefühle, wohl oder übel.

In ein paar Tagen treffen wir uns in Berlin, um aus unseren Briefen vorzulesen. Ich bin aufgeregt und freue mich. Häufig denke ich, wie seltsam es ist, persönliche Briefe in einer deutschen, einer Berliner Zeitung zu veröffentlichen, in einer Sprache, die ich nicht ausreichend verstehe, und ohne eine Ahnung davon, wer eigentlich meine Leser sind.

Deine Yael

Berlin, 2.11.2018

Liebe Yael,
an meinem zweiten Abend in Berlin ging ich zu einer Filmpremiere ins Kino Babylon. Der Dokumentarfilm »Schalom Neues Deutschland – Juden in der DDR« wurde gezeigt. Vor der Vorstellung spielte eine Frau auf der Kinoorgel, mit der früher Stummfilme begleitet wurden. Die Orgel stammt aus den Zwanzigern, war lange außer Betrieb, bis sie vor ein paar Jahren von einem Mann repariert wurde. Der Mann heißt Dagobert Liers. Ich kenne ihn, er war mein Nachbar. Wir wohnten am Nöldnerplatz Tür an Tür. Er hat mich schon damals fasziniert, weil er mit einer alten Plattenkamera fotografierte, Zither spielte und einen ganzen Raum voller Technik besaß, in dem er für seinen Sohn, meine Schwester und mich ein Telefon baute, mit dem wir von Kinderzimmer zu Kinderzimmer telefonieren konnten.

Ich saß im Kino, hörte der Musik zu und dachte, dass ich unbedingt meine Mutter fragen muss, wie es Herrn Liers geht, als ein Mann mit langen Haaren die Bühne betrat. Er kündigte den Film an, stellte sich aber nicht vor und war schon wieder auf dem Weg zu seinem Platz, als ein Zuschauer rief: »Wer bist du denn?« Der Mann blieb stehen, schlug sich mit der Hand vor die Stirn und sagte: »Mensch, das habe ich ganz vergessen. Ich bin der Regisseur.«

»Und du heißt?«, rief der Zuschauer. Das hörte der Regisseur schon nicht mehr. Der Film begann, und unser Freund André Herzberg spazierte über die Leinwand. Er ist Sänger der Gruppe Pankow, Sohn jüdischer Emigranten, die vor den Nazis nach England flohen, nach dem Krieg nach Ost-Berlin zurückzogen und hier ihr Jüdischsein, ihre Geschichte, ihre Kultur, ihre Traditionen unterdrücken mussten, weil die DDR ein sozialistischer Staat war, in dem alle gleich sein sollten. André wusste lange gar nicht, dass er jüdisch war. Seine Eltern verschwiegen es ihm. Hebräisch, sagt er im Film, sei für ihn eine Geheimsprache gewesen.

Ich mochte den Film, mich berührten die Geschichten, und ich begriff mal wieder, dass ich längst nicht alles weiß über die DDR, das Land, in dem ich aufgewachsen bin. Der Abspann lief, es gab Applaus, dann kam der namenlose Regisseur zurück und holte seine Protagonisten auf die Bühne. Sie sollten sagen, wie ihnen der Film gefallen hat. Salomea Genin, die als Kind nach Australien geflohen war, in England und West-Berlin lebte, aber unbedingt in die DDR wollte, kam als Erste dran.

Schwierige Frage, sagte sie, dazu könne sie jetzt gar nichts sagen. Der Nächste war der Schriftsteller Walter Kaufmann. Er beschwerte sich, dass sein Buch »Reisen ins gelobte Land« nicht im Film erwähnt wurde, er habe doch im Interview darüber gesprochen. André sagte: »Mhm, na ja, schwer zu sagen.« Mit dem Film sei irgendwie ein Anfang gemacht worden.

Das war das größte Kompliment, das der Regisseur an diesem Abend bekam. Es schien ihn nicht zu stören, man hatte eher den Eindruck, es war das, was er erwartete. Warum sollten Menschen mit komplizierten Biografien unkomplizierte Antworten geben?

Die Filmpremiere in Berlin erinnerte mich an unseren gemeinsamen Theaterabend in Tel Aviv. Wir sahen »Das Kind träumt« von Hanoch Levin, Aharons Vater. Es geht um Flüchtlinge, die mit dem Schiff vor den Nazis nach Kuba fliehen und wieder weggeschickt werden, niemand will sie aufnehmen. Das Stück spielt vor 80 Jahren, hätte aber auch heute spielen können. Das merkte man auch daran, wie die Zuschauer reagierten. Die erste halbe Stunde war kaum vorbei, da gab es die ersten empörten Zwischenrufe, es folgten Pfiffe, Leute standen auf, diskutierten miteinander. Eine Frau verließ den Saal mit Tränen in den Augen, mitten in der Vorstellung.

Für euch schien das nichts Ungewöhnliches zu sein. Ich aber saß wie gebannt da, so was hatte ich noch nicht erlebt. Es war, als spielte das Publikum mit, als wäre es Teil des Stücks, ohne dass es dazu aufgefordert wurde, ohne dass es zur Inszenierung gehörte. In diesem Moment begriff ich, wie lebendig Theater sein kann, wie aufregend und aufwühlend und dass ein Abend auch dann gelingt, wenn nichts perfekt ist, wenn die Erwartungen, die man hat, gerade nicht erfüllt werden.

Das mag ich so an Berlin, aber auch an Tel Aviv. Gute Filme, gute Theaterstücke und Leute, die sagen, was sie denken.

Deine Anja

Berlin, 9.11.2018

Liebe Anja,
wir sind zurück in Berlin, nach knapp zwei Wochen in Israel. Diese Besuche erschüttern mich manchmal völlig. Ich hatte gedacht, ich würde dir schreiben, warum, aber ehrlich gesagt, habe ich keine Lust dazu. Ich möchte über Berlin schreiben, in Berlin sein.

Am ersten Tag nach unserer Ankunft waren wir mit den Kindern in der Komischen Oper und sahen »Der Zauberer von Oz«. Für sie war es der erste Opernbesuch. Auf dem Hinweg erklärte ich ihnen, eine Oper sei eine Theateraufführung, bei der fast alle Dialoge gesungen würden, und wie schwierig und teuer es sei, so ein Werk auf die Bühne zu bringen. Ich sprach von der Musik, dem großen Saal, der Bühnenausstattung und den Kostümen, den vielen Mitarbeitern, die dazu nötig seien. Ihre Augen leuchteten.

Die Größe und Schönheit des Saals beeindruckten mich diesmal noch mehr als bei meinem ersten Besuch (mit Aharon in der »Zauberflöte«). Unsere Plätze fanden wir in der allerletzten Reihe ganz an der Seite. Von dort sah man gar nichts. Ich ging mit den Kindern ans Geländer gegenüber der Treppe, wo sie prima sehen konnten, ohne zu stören.

Wir überschauten den Orchestergraben, die Musiker stimmten ihre Instrumente. Ich erklärte jedes einzelne und sagte, dass Orchester und Sänger aufeinander hören müssen, um die Oper gut aufzuführen.

Die Kinder lauschten gebannt von Anfang bis Ende,

fragten mich ständig, was echt sei und was nicht: »Mama, sind die Wolken echt? Und fliegt die Hexe wirklich? Ist das ein richtiger Hund?« (Ja, war er.) »Und sind die Blumen echt?« (Nein, nur an die Wand projiziert.) Ihre Beschäftigung mit der feinen Grenze zwischen Dichtung und Wahrheit, Realität und Erfindung, die im Theater so schön zum Ausdruck kommt, faszinierte mich.

Am Ende der Vorstellung klatschten die Kinder in die Hände und trampelten mit den Füßen, waren aber auch müde und hungrig. Wir kauften zwei Brezeln und fuhren zu Freunden, die uns zum Mittagessen eingeladen hatten.

Auf dem Weg dorthin dachte ich darüber nach, wie großartig es ist, dass ich meinen Kindern für so einen niedrigen Eintrittspreis solch ein Erlebnis bieten konnte. Die Oper muss hochsubventioniert sein! Es ist für mich keineswegs selbstverständlich, dass Kultur mit Staatsgeldern finanziert wird, um zu bestehen, um Neues schaffen zu können.

Hier, in Deutschland, glaubt man offensichtlich noch daran, Kultur sei für den Staat und seine Bewohner wichtig, ja unerlässlich. Ich fürchte, dass es das in Israel so nicht mehr gibt, und das betrübt mich. Was soll aus unserer Gesellschaft werden, wenn der Wert von Kultur und Bildung auf der Prioritätenliste derart abrutscht?

Diese Woche ist das »Gesetz über Loyalität in der Kultur« in erster Lesung von der Knesset verabschiedet worden. Es soll Israels Kulturministerin Miri Regev dazu befugen, nicht genehmen Kultureinrichtungen die – ohnehin knappen – staatlichen Zuschüsse zu kürzen oder ganz zu streichen und sie damit der Zensur der Ministerin zu unterstellen, die aus meiner Sicht die Kultur in Israel zusehends ruiniert.

Ich würde gerne etwas dagegen tun, Einfluss ausüben, um der Kultur in Israel wieder zu alter Kraft zu verhelfen.

Aber ich habe keine Ahnung, wie. In dieser Hinsicht beneide ich dich etwas um deinen Beruf. In Berlin scheint mir die Presse noch Einfluss zu besitzen.

Wieder daheim, als ich die Kinder – nach Dusche, Gutenachtgeschichte und Schlaflied – ins Reich der Träume absegeln sah, dachte ich erneut über den Unterschied von Dichtung und Wahrheit nach, über die feine Grenze dazwischen. Die Regierung in Israel vereinnahmt zunehmend unsere Wirklichkeit und möchte jetzt auch auf die Dichtung übergreifen. Sollen sie uns doch wenigstens die Freiheit der Fantasie und des Kunstschaffens lassen.

Am Ende habe ich doch wieder über Israel geschrieben. Natürlich.

Deine Yael

Tel Aviv, 24.11.2018

Liebe Yael,
ich verstehe immer besser, was du meinst, wenn du schreibst, wie gut es tut, aus Israel weg zu sein. Hier passiert gerade wieder einiges: mysteriöse Geheimdienstoperationen, Raketenangriffe, Waffenruhe, Regierungskrise, vielleicht Neuwahlen, vielleicht nicht. Nie kann man sagen, wie es weitergeht, nie gibt es Sicherheit. Auch deshalb haben Alex und ich beschlossen, unseren Resturlaub nicht hier zu verbringen, sondern wegzufliegen, irgendwohin, wo wir noch nicht waren, wo wir abschalten können.

So kam es, dass wir am letzten Sonntag vor dem ElAl-Schalter vom Ben-Gurion-Flughafen warteten. Mumbai stand auf der Anzeigetafel, wir hatten uns für Indien entschieden, ein beliebtes Urlaubsziel von Israelis. Meine größte Sorge war nur noch, ob Yoga-Kurse im Pauschalpreis unseres Hotels enthalten sein würden oder nicht. Da fragte die Frau hinterm Schalter: »Visa haben Sie doch?«

Es war einer dieser Momente, wo man begreift, dass gerade etwas passiert, aber noch hofft man auf Erlösung, einen Satz wie: Nicht so schlimm, dann kaufen Sie die Visa eben vor Ort. Stattdessen sagte die Frau: »Ohne Visa können Sie nicht fliegen.« Eine andere sagte: »Vier Tage Bearbeitungszeit, mindestens.« Und eine dritte runzelte die Stirn und fragte: »Sie sind Journalisten?«

Der Mumbai-Flieger hob ohne uns ab. Wir fuhren zurück nach Hause, suchten nach Express-Visa-Anbietern und neuen Flugverbindungen, informierten das Hotel in Indien und versicherten dem aus Berlin angereisten Neffen, wir seien bald wieder weg. Er sollte den Kater füttern und hatte seine neue Freundin mitgebracht. Wir fühlten uns wie Gäste im eigenen Haus. Morgens schlichen wir raus, abends gingen wir früh schlafen, als wären wir gar nicht mehr da.

Die Visa ließen auf sich warten, »Computerprobleme«, hieß es, oder: »indische Feiertage.« Die Urlaubsuhr tickte. Ich erinnerte Alex daran, dass gerade Freunde aus Berlin auf dem Weg nach Tel Aviv am Check-in-Schalter umkehren mussten, weil ihre Pässe abgelaufen waren. »Alles halb so wild«, sagte ich. Wir seien eben richtige Europäer geworden, daran gewöhnt, ohne Pass- und Visakontrollen von Land zu Land zu reisen. Alex biss die Zähne zusammen und sagte: »Lass uns auf dem Jaffa-Markt frühstücken, das wollten wir schon immer mal machen.« Ich schlug vor, danach in die Ausstellung über jüdischen Humor zu gehen. Wir machten lange Strandspaziergänge, spielten Tennis, tranken abends am Hafen Bier, sahen aufs Meer und in den Himmel, wo ein Flugzeug nach dem anderen startete – ohne uns.

Es war herrlich. Genau das, was wir immer wollten: Tel Aviv genießen. Nie war uns das gelungen. Erst jetzt, da wir in einer Hängematte am Indischen Ozean liegen sollten, aber nicht konnten, ging es auf einmal.

Dann kamen die Visa. Wir verabschiedeten uns das zweite Mal vom Neffen, fuhren zum Flughafen und saßen kurz darauf im Nachtflug nach Indien. Die Stewardessen servierten Abendessen und Wasser. Ich sah den zweiten Teil von »Mamma Mia« und summte Abba-Songs mit, als ich hörte, wie hinter mir ein Streit ausbrach. Eine Frau wollte Wein, die Flugbegleiterin erklärte, sie dürfe keinen Alkohol ausschenken. »Warum denn nicht«, fragte die Frau. Weil wir uns im saudischen Luftraum befinden.« – Das habe sie noch nie gehört, sagte die Frau und verlangte, den Kapitän zu sprechen. Im Film sang Cher »Fernando«. Hinter mir wurde es laut. Die Flugbegleiterin versicherte, der Kapitän könne nicht helfen. Die Saudis bestimmten das. Bei einer Notlandung in ihrem Land kämen Rettungskräfte nur dann, wenn die Bar an Bord versiegelt sei.

Die Frau bekam einen hysterischen Anfall. Ich steckte die Kopfhörer tief in die Ohren. »There is something in the air tonight«, sang Cher, die Frau schrie, das Flugzeug wackelte. Ich schloss die Augen, stellte mir vor, wie wir in der Wüste notlanden, ein Rettungssanitäter, der so aussieht wie der saudische Prinz, das Flugzeug betritt, den Zustand der Bar prüft und wieder abrückt, weil eine Weinflasche entkorkt ist. Auf einmal wurde es ruhig hinter mir. Die Frau war eingeschlafen. Ich aber hätte jetzt gut einen Schnaps gebrauchen können.

Deine Anja

Berlin, 1.12.2018

Liebe Anja,
was für ein Brief! Vom ersten bis zum letzten Wort fühlte ich mich wie in einem Thriller mit Liam Neeson. Und nun sehe ich im Geist dich und Alex am indischen Strand liegen, einen Fruchtshake in der Hand, wie am Ende eines anständigen Hollywood-Films. Ich hoffe, ihr genießt jede Minute.

Ich war noch nie in Indien. Nach meinem Wehrdienst fuhren alle um mich herum dorthin. In Israel kellnern die meisten Armeeentlassenen ein paar Monate, um Geld für Indien oder Südamerika zusammenzukratzen, einen fernen, billigen Ort mit möglichst vielen Drogen im Angebot. Natürlich fahren nicht alle wegen Drogen und nicht alle nach Indien oder Südamerika, aber es reisen so viele Israelis nach Indien, dass es in Delhi angeblich ganze Straßenzüge mit hebräischen Schildern gibt und manche indischen Herbergsbetreiber schon Hebräisch sprechen.

Mich hat das damals gar nicht gereizt, weder Drogen noch Indien. Ich habe meinen zweijährigen Wehrdienst zwar keineswegs genossen, ihn aber auch nicht als traumatisch erlebt. Im ersten Jahr habe ich in einer Top-Secret-Einheit gedient. Die Leute dort waren nett und klug, ich habe trotzdem jede Minute gehasst und meine Vorgesetzten gebeten, mich in eine andere Einheit zu versetzen. Sie lehnten ab, woraufhin ich zum Armee-Psychologen ging und ihn überzeugte, dass es mir nicht gut geht und ich unbedingt hier wegmuss. Er hat mir geglaubt, ich wurde umgehend versetzt und bekam einen langweiligen Schreibtischjob zugeteilt, nicht weit von zu Hause. Jede Nacht konnte ich von nun an in meinem eigenen Bett schlafen, und obwohl es verboten war, ging ich in meiner Freizeit kellnern, in einem Jazzclub in Tel Aviv.

Ich war eine schlechte Kellnerin, vergaß ständig, was ich bringen sollte, weil ich mich mehr für die Musik als für die Gäste interessierte. Aber nach dem Ende meiner Armeezeit gab ich hier, in diesem Jazzclub, mein erstes Konzert. Ich war so aufgeregt, dass ich in der Nacht zuvor Fieber bekam. Ich sang grauenvoll, aber nach dem Abend wusste ich, dass ich Sängerin werden wollte.

Ich habe noch eine Weile weitergekellnert, bis ich genug Geld für sechs Monate Indien oder einen Monat Paris zusammenhatte. Ich entschied mich für Paris, fuhr allein los, mietete eine winzige Wohnung, aß in französischen Restaurants, besuchte Museen und hatte dabei immer ein Buch des israelischen Künstlers Yair Garbuz in meiner Tasche: »Paris Tel Aviv«. Ich besuchte all die Orte, die er besucht hatte. Ich war manchmal einsam, aber ich liebte es. Heute hingegen reizt mich Indien weit mehr als Paris oder jede andere Stadt. Es zieht mich mehr und mehr an ferne, ruhige Orte in der Natur. Ich finde die Großstadt anstrengend und habe das Gefühl, dass sie mich auf Dauer nicht glücklich macht.

In den letzten Wochen komme ich kaum zum Luftholen, hetze von einer Aufgabe zur nächsten. Wie immer, wenn ich pausenlos arbeite, entscheidet mein Körper an meiner Stelle und bremst mich. Diesmal infizierte ich mich mit einem Halsvirus, der mir die Stimme raubte. Und ausgerechnet jetzt war Aharon gezwungen, nach Israel zu fliegen, weil seine Mutter sich den Arm gebrochen hatte und operiert werden musste. So verbrachte ich eine ganze Woche allein, mit einem Haufen Arbeit, zwei Kindern und ohne Stimme. Ich bot sämtliche Kräfte auf, um alles hinzukriegen, ohne zu sprechen und ohne panikartig zu fürchten, ich könnte die Stimme ganz verlieren. Stimmverlust gehört zu den schlimmsten Albträumen einer Sängerin.

Zum Glück hat meine Schwiegermutter die Operation gut überstanden und erholt sich, Aharon kam nach einer Woche zurück, meine Stimme zwei Tage später, und letztes Wochenende beschlossen wir, eine Pause einzulegen. Wir strichen alle Pläne und blieben zu viert im Haus. Wir spielten Karten, bauten Lego, kochten, aßen, malten, lasen, aßen, guckten Filme, lachten, kuschelten und aßen erneut. Seit Langem haben wir nicht mehr so eine ruhige Zeit, ohne Störungen oder andere Leute, nur im Familienkreis, verbracht. Es war perfekt. Letzten Endes fand ich das Glück in einer ungeplanten Reise, in den eigenen vier Wänden.

Deine Yael

Tel Aviv, 8.12.2018

Liebe Yael,
pünktlich zum ersten Advent bin ich wieder in Tel Aviv gelandet, es war auch der erste Tag von Chanukkah. Im Flugzeug saßen viele Israelis, die Stimmung war gut. Kaum hatte das Flugzeug aufgesetzt, riss eine Frau die Arme in die Luft, klatschte, trampelte, juchzte. Andere stimmten in ihren Freudengesang ein. Das Flugzeug bebte, als wären wir auf dem Mond gelandet.

Die Frau sah aus wie ein in die Jahre gekommenes Hippie-Mädchen. Keine Ahnung, was mit ihr los war, was sie genommen hatte, wie lange sie in Indien gewesen war. Aber ehrlich gesagt, glaube ich, der Grund für ihre überschwängliche Reaktion war ganz banal: Sie war froh, zu Hause zu sein.

In Tel Aviv zu landen ist immer etwas Besonderes, es gibt Beifall, die Leute drängeln, können es kaum erwarten, ihre Koffer abzuholen. Neulich stand ich neben einer Frau am Gepäckband, die mehrere Outfits ausprobierte, bevor sie die Flughafenhalle betrat. Das ist der schönste Moment. Hinter der Absperrung warten Scharen von Frauen, Männern, Kindern, Großfamilien. Sie haben sich schick gemacht, halten Luftballons in Herzform und Willkommensschilder in die Höhe. Man hat das Gefühl, mitten in eine Überraschungsparty hineingeplatzt zu sein.

»Eine Kollegin findet die israelischen Flughafenbegrüßungsszenen kitschig und übertrieben«, hat sie mir gesagt. Mich dagegen fasziniert es immer wieder aufs Neue, wie sich supercoole Israelis in aufgeregte Kinder verwandeln, nur weil sie wieder zu Hause gelandet sind.

Nur ein einziges Mal habe ich etwas Vergleichbares erlebt: auf einem Flug von Miami nach Havanna. An Bord waren Exilkubaner, beladen mit Geschenken für ihre Familien. Als das Flugzeug in Havanna landete, war die Hölle los. Jubel, Schreien, Lachen, Weinen. Auch mir schossen Tränen in die Augen. Ich kannte die Leute um mich herum nicht, ich wusste nicht, was sie erlebt hatten, wie schwer der Abschied von ihren Familien gewesen war, die Flucht, der Anfang in der neuen Welt. Aber ich konnte ihre Freude spüren, wieder in der Heimat gelandet zu sein – und die Wehmut, zu wissen, dass die Heimat nicht mehr das Zuhause ist.

Als ich am Sonntag in Israel landete, konnte ich es kaum erwarten, in mein Viertel zu fahren, die Tür zum Haus aufzuschließen, wo mein Bett und mein Schreibtisch stehen und meine Bücher im Regal. Heimatgefühl würde ich es nicht nennen, aber es war ein neues Gefühl. Schon in Delhi auf dem Flughafen habe ich es gespürt, als ich das erste Mal seit Tagen wieder Hebräisch hörte – und sogar ein paar Brocken verstand.

Wie du weißt, lerne ich seit ein paar Monaten Hebräisch. Einmal in der Woche kommt eine freundliche ältere Dame namens Zipi zu uns nach Hause, und Alex und ich werden für eine Stunde zu Erstklässlern und lernen, was »Ich wohne in Tel Aviv« – »Ich trinke Kaffee mit Milch« – »Das Fenster ist groß« heißt. Manchmal frage ich mich, wozu ich mir solche Mühe gebe, wenn man sich in Israel doch so gut mit Englisch durchschlagen kann und hier in Jaffa sowieso fast alle Arabisch sprechen. Aber wenigstens kann ich jetzt im Gemüseladen fragen, was die Tomaten kosten.

Die letzte Stunde mit Zipi hatten wir vor drei Tagen, wir haben die Zahlen gelernt, Misparim, und was Regen heißt: »Geschem«, und viel Regen: »harbä Geschem«. Es war der Tag, an dem es zu stürmen begann, es hat bis jetzt nicht wieder aufgehört. Unser Hof ist überschwemmt. Im Haus ist es kühl. Ich habe meine Hausschuhe in Berlin vergessen und trage Flipflops wie im Hochsommer – mit Socken. Nicht mal der Kater hat Lust rauszugehen. Nachts ist der Regen stärker geworden. Ich wurde von einem Geräusch geweckt. Es klang wie der Sekundenzeiger einer Uhr. Wir haben keine Uhr mit Sekundenzeiger. Ich stand auf und sah, wie der Regen durch die Decke ins Wohnzimmer tropfte. Tick, tick.

Der Handwerker, der das Dach reparieren sollte, ein Orthodoxer, begrüßte Alex mit Handschlag. Als ich ihm meine Hand hinhielt, drehte er sich weg.

Ich glaube, in Tel Aviv hat der Winter begonnen.

Deine Anja

Berlin, 15.12.2018

Liebe Anja,
wir haben ein neues Auto gekauft. Kein wirklich neues, zugegeben, es ist zwanzig Jahre alt. Aber neu für uns. Wir hatten keine Ahnung, wo man einen Gebrauchtwagen kauft, also schalteten wir Aharons 92-jährigen Onkel David ein und saßen an einem Montagmorgen im Regionalzug nach Bestensee.

David holte uns am Bahnhof ab und nahm uns mit zu einem alten Freund, der einen betagten Volkswagen verkaufen wollte. Nach einer lustigen Feilscherei zwischen den beiden Freunden (wir standen dabei, ohne uns einzumischen) kauften wir das Auto. Danach fuhren wir zu David nach Hause, um seiner Frau Christa Guten Tag zu sagen. Ihr kleines Haus, das David eigenhändig gebaut hat, ist immer blitzsauber und aufgeräumt.

Wir bekamen Tee in hübschen Gläsern und Gebäck. Da David und seine Frau kein Englisch sprechen, bemühten wir unser holpriges Deutsch. Dabei blickte ich auf das Wäldchen draußen und dachte, dass ich von David gern etwas über seine Lebensgeschichte hören würde, über das Trauma des Krieges, über Auschwitz und seine Entscheidung, danach in Deutschland zu bleiben. Aber er möchte nicht darüber sprechen.

Ich kann ihn verstehen. Es ist beängstigend, diese Geister zu wecken. David erinnert mich an meinen Großvater väterlicherseits, ebenfalls ein polnischer Holocaustüberlebender, der kürzlich im Alter von 103 gestorben ist. Bis zum Schluss war mein Großvater stark, geistig klar und optimistisch. Beiden gemeinsam war ein erstaunlich lebendiger Funke in den Augen. Mir scheint, dieser Funke hat sie während ihres langen, harten Lebens gestärkt. Ohne all dies anzusprechen, tranken wir den Tee aus, verabschiedeten uns und fuhren mit unserem alt-neuen Auto nach Hause.

In der nächsten Woche widmeten wir uns einer klassischen Migrantenaufgabe – dem Ausfüllen von Formularen. Vor einiger Zeit entdeckten wir, dass ein befreundetes Ehepaar, ebenfalls israelische Künstler, auch schon seit Längerem versuchte, die Aufnahmeformulare für die Künstlersozialkasse auszufüllen, und beschlossen, diese Aufgabe gemeinsam anzugehen. Um 21 Uhr kamen wir bei den Freunden an. Beladen mit Ordnern voller Papiere und einem kleinen Laptop, setzten wir uns an den Tisch, knackten Pistazien und gingen Punkt für Punkt durch.

Wir vier hatten alle den Integrationskurs in Deutsch absolviert, gaben aber dennoch jeden Paragrafen in Google Translate ein und versuchten, die jeweils richtige Antwort zu finden. Nur um ein armseliges kleines x zu machen, rauchten uns bereits die Köpfe, ganz zu schweigen von den vielen Urkunden, die es beizufügen galt, und dem Herzklopfen beim Blättern in den Ordnern, aus Sorge, es könnte ein unerlässliches Formular fehlen. Aharon rieb sich schon die Augen und schielte in alle Richtungen, Ido ging neuen Tee machen, Shimrit bewahrte zum Glück die Ruhe und leitete den Kampf, und ich notierte fehlende Urkunden, die wir beschaffen, Fragen, die wir dem Rechnungsprüfer stellen mussten. Je länger der Abend, desto ferner erschien mir die Lösung unserer Aufgabe.

Gegen Ende der Woche fuhr ich, auf der Suche nach Partnern für mein Kulturprojekt Framed, zum Funkhaus in die Nalepastraße nach Adlershof. Aus der Ferne sah es aus wie ein riesiges, verlassenes Industriereal am Flussufer, aber als ich das erste Studio betrat, verschlug es mir den Atem. Die Architektur, die Größe, die Materialien, die kleinen Details, die akustische Planung, die Farben! Ich meinte die früher dort gespielte Musik zu hören, die Menschen zu sehen, die einstige Aufregung zu spüren. Nach den historischen Sendestudios und Aufnahmeräumen folgte ich dem Kurator des Funkhauses in weitere Stockwerke und lange, breite Korridore, die zu weiteren Gängen und Türen und Treppen führten.

Auf dem Heimweg versuchte ich, noch immer überwältigt von dem Ort, zu verstehen, wie man ein so prächtiges und teures Gebäude bauen und es dann aufgeben konnte. Welche historischen Schätze dieser Art mögen sich noch in Berlin verstecken?

Deine Yael

Tel Aviv, 21.12.2018

Liebe Yael,
in deinem letzten Brief kommen lauter Orte vor, die ich kenne, das alte Funkhaus in der Nalepastraße zum Beispiel. Ein Nachbar von mir hat dort gearbeitet, als Kind bin ich oft daran vorbeigefahren, wenn ich meinen Opa in Köpenick besucht habe. In Bestensee, wo dein Onkel David wohnt, war ich manchmal baden, es ist nicht weit von unserem Wochenendgrundstück entfernt. Deshalb kenne ich auch den Regionalzug nach Bestensee. Ich sehe genau die Bahnabteile vor mir und all die Leute, die es am Freitagnachmittag raus aus der Stadt an die Brandenburger Seen drängt.

Es ist schön, mir Orte, die ich so lange kenne, dass ich sie gar nicht mehr richtig wahrnehme, mit deinen Augen beschreiben zu lassen. Ich bekomme dann sofort ein bisschen Sehnsucht nach Berlin und denke, dass es dir wahrscheinlich mit meinen Beschreibungen aus deiner Heimat nicht viel anders geht. Es ist, als hätten wir unsere Leben getauscht, und ich muss zugeben: Jetzt, in der Weihnachtszeit, würde ich manchmal gerne einen Rücktausch beantragen.

Es wird, das kann ich jetzt schon sagen, das unweihnachtlichste Weihnachtsfest meines Lebens. Wir haben weder Baum noch Gans, mit Geschenken sieht es auch nicht so gut aus und mit dem Weihnachtsgefühl noch viel schlechter. Natürlich weiß ich, dass Juden keine Weihnachten feiern und die christlichen Araber eine Minderheit im Land sind, aber die Abwesenheit jeglicher festlicher Stimmung hat mich dann doch ziemlich überrascht: die Selbstverständlichkeit, mit der die Leute hier ihren üblichen Besorgungen nachgehen, die Schaufenster, die völlig ohne Weihnachtsdekoration auskommen, und all das andere, an das ich mich so gewöhnt habe – Weihnachtsfeiern, Gänseessen, Diskussionen in der Familie, wer wo wann feiert, und ob ein kleiner oder großer Baum besser ist.

Als ich vor zehn Tagen beschloss, einen Baum zu besorgen, war es bereits zu spät. Es gibt einen einzigen Weihnachtsbaumverkauf in der Nähe von Tel Aviv, der Termin war Mitte Dezember gewesen. Ich schlug Alex vor, trotzdem in die Gärtnerei zu fahren, vielleicht haben sie ja noch einen Baum übrig.

Alex sagte: »Ach, wir brauchen doch keinen Baum. Ist doch auch so schön.«

Ich sagte: »Weihnachten ohne Baum ist kein richtiges Weihnachten.«

»Ist sowieso kein richtiges Weihnachten hier«, sagte er.

Ich glaube, es war dieser Satz, der mir sämtliche Energie raubte. Er hat ja recht. In Tel Aviv sind 20 Grad. Wenn in Berlin die Stadt am Montag so still wird wie das ganze Jahr nicht, wenn überall die Lichter an den Bäumen angehen und Familien sich auf den Weg zur Christmesse machen, beginnt hier gerade die Rushhour. Leute kommen von der Arbeit, machen ihre Abendeinkäufe, gehen am Strand joggen.

Ich kann mir gut vorstellen, wie die jüdischen Bauarbeiter, die gerade unseren Wasserschaden an der Fassade beheben, am ersten Feiertag neugierig ins Fenster schauen zu den Deutschen, die mit roten Kerzen am Kaffeetisch sitzen und traurige Lieder singen. Wahrscheinlich wird auch der Elektriker, auf den wir seit Wochen warten, ausgerechnet dann vorbeikommen. Was soll ich auch sagen? Entschuldigung, heute ist schlecht, wir feiern gerade Weihnachten?

Leider kann niemand so richtig meine sentimentalen Gefühle nachvollziehen, nicht mal meine Nachbarin Carianne, die Holländerin. Sie hat mir vorgeschlagen, einen Plastikbaum zu kaufen. Wie sie. »Ist praktisch«, sagt sie. Itay, ihr Mann, hat auch einen Vorschlag: Statt die ganze Stadt nach einer Gans abzusuchen, sollen wir einfach ein Brathuhn kaufen und uns vorstellen, das Huhn sei eine Gans.

Mein einziger Trost ist der Gedanke, wie es euch um diese Zeit in Berlin ergeht. Eine jüdische Familie im deutschen Jingle-Bell-Wahn. Vielleicht sollten wir nächstes Jahr die Wohnungen tauschen. Wir kommen nach Berlin, ihr nach Tel Aviv. Was hältst du davon?

Deine Anja

Tel Aviv, 28.12.2018

Liebe Anja,
wir sind vor einer Woche in Tel Aviv angekommen. Die Kinder haben Schulferien, und in Berlin ist, wie du ja schriebst, alles erfüllt von der frohen Stimmung eines Festes, zu dem wir keine Beziehung haben.

In unserem ersten Winter in Berlin haben wir die Weihnachtsmärkte besucht und sogar ein Bäumchen gekauft und geschmückt. Es kam uns komisch vor, und ehrlich gesagt, haben wir letzthin mehr Lust, das Gegenteil zu tun – die Weihnachtsmärkte zu meiden, mit den Kindern das Chanukkafest zu feiern und um diese Zeit nach Israel zu fliegen.

Aber langsam geraten die Kinder durcheinander. Der fünfjährige Benjamin fragte mich vor zwei Wochen besorgt: »Mama, wie sollen wir denn Geschenke kriegen, wenn wir keinen Baum und keinen Schornstein haben? Santa kommt durch den Kamin ...«

Ich erklärte ihm, er brauche sich keine Sorgen zu machen, bei uns bekäme man auf jeden Fall Geschenke zu Chanukka, auch ohne einen Baum und Kamin. Das beruhigte ihn schließlich. Egal wie, Hauptsache es gibt Lego.

Mich hat es jedoch beunruhigt. Wenn ich nicht aufpasse, wissen die Kinder bald mehr über Weihnachten als über Chanukka oder wollen lieber Ostern als Pessach feiern, zumal unsere Feiertage nicht so verlockend sind. Wie soll man sie dazu bringen, Matzen statt Schokohasen zu essen, oder ihnen weismachen, dass das Entzünden von Chanukkalichtern genauso schön ist wie ein Riesenbaum mit Glitzerschmuck?

Ich finde deinen Vorschlag, nächstes Jahr die Wohnungen zu tauschen, glänzend. Warum sind wir nicht früher darauf gekommen? Ich wäre sogar bereit, euch einen Baum zu kaufen, den ihr dann nach Herzenslust schmücken könntet. Wir hingegen wären glücklich, jeden Morgen Hummus bei Abu Hassan zu essen und an den Strand zu gehen.

Einen Tag nach unserer Ankunft in Tel Aviv waren wir mit unseren besten Freunden, Schirli und Assaf, im Kino. Schirli kenne ich seit 1996. Wir gingen in dieselbe Klasse im Theaterzweig am musischen Gymnasium in Tel Aviv. Im selben Jahr habe ich auch Aharon kennengelernt. Danach durchlief meine Freundschaft mit Schirli und mit Aharon mehrere Phasen, bis Schirli Assaf heiratete und ich Aharon. Die beiden Männer wurden ebenfalls dicke Freunde, und wir vier waren bald fast wie eine Familie. Die Kinokarten hatte Aharon eine Woche zuvor noch aus Berlin bestellt. Als er über den Film »Roma« las, spürte er intuitiv, dass wir ihn uns zu viert ansehen sollten. Er hatte recht.

Wir trafen uns vorher auf ein Bier gegenüber. Tel Aviv war verregnet. Keine fünf Minuten nach der ersten Umarmung fühlten wir uns so vertraut, als setzten wir eine eben erst unterbrochene Unterhaltung fort. Wir redeten kurz über den Lauf des Lebens und gingen dann zum Kino. Assaf und ich kauften eine große Portion Popcorn und Getränke für alle. Wir nahmen unsere Plätze ein und sahen einen Film, in dem es um Liebe und Familie geht und um die Hoffnung, dass man immer, egal, wie schwer es ist, die Dinge auch anders betrachten kann. Fast allem lässt sich etwas Schönes abgewinnen.

Wir beide sind zwar fern von unserer natürlichen Umgebung mit all den Bräuchen und Gewohnheiten, aber wir haben unsere Familie.

Ich hoffe, ihr hattet ein frohes Fest.

Deine Yael

Tel Aviv, 4.1.2019

Liebe Yael,
am letzten Tag des Jahres begriff ich wieder einmal, in was für unterschiedlichen Welten wir doch leben. Wir waren mit Freunden aus Berlin im Cassis, einem Restaurant direkt am Meer – einem märchenhaften Ort, vor allem jetzt, im Winter, wenn der Strand einsam ist und der Himmel sternenklar.

Es sollte eine Silvesterfeier geben, obwohl das neue Jahr hier ja schon Ende September begonnen hatte und Neujahr ein ganz normaler Arbeitstag ist. Die Cassis-Betreiber hatten sich alle Mühe gegeben: lustige Tischdekoration, Festtagsmenü, sogar eine Jazzband spielte. Allerdings war das Restaurant nur halb voll, die Jazzband verzog sich im Laufe des Abends immer mehr Richtung Toiletten, weil einigen Tischen die Musik zu laut war. Um halb zwölf gab sie ganz auf, da waren die meisten Gäste bereits schlafen gegangen. Um Mitternacht gab es einen Schnaps aufs Haus, dann wurde abgeräumt, wir liefen am Meer entlang zurück nach Hause.

Es war die ruhigste Neujahrsnacht meines Lebens. Ich habe nichts vermisst. Wenn mir überhaupt etwas fehlte, dann die Pause zwischen den Jahren, das Gefühl, dass etwas zu Ende geht und etwas Neues beginnt. Eine beunruhigende Nachricht nach der anderen platzte in meinen Jahresendurlaub: vorgezogene Neuwahlen im April, Gründung einer rechten Partei, Selbstzerstörung einer linken, neue Siedlungen im Westjordanland. Angela, eine politische Aktivistin, hielt mich per WhatsApp auf dem Laufenden. Am Heiligen Abend, den ich mit der Familie in Bethlehem verbrachte, teilte sie mir mit, dass ganz in der Nähe über Nacht eine Siedlung hochgezogen worden war. Es gab eine kleine Demonstration – und einen großen Weihnachtsumzug, der mich mit all den Fanfaren und Trommeln eher an die St.-Patrick's-Day-Parade in New York erinnerte.

Kurz bevor wir zurück nach Tel Aviv fahren wollten, wurden wir Zeugen eines ganz besonderen Rituals, der Ankunft des römischen Kardinals zur Mitternachtsmesse. Er fuhr nicht wie wir über den Grenzübergang, sondern kam direkt durch die Mauer nach Bethlehem. Es gibt dort ein Segment, das sich bewegen lässt, eine Zaubertür, die nur zu besonderen Anlässen aufgeschoben wird, und plötzlich klafft ein Loch in der Mauer. Das Loch wurde von israelischen Soldaten und palästinensischen Polizisten bewacht, was völlig unnötig schien. Als der Kardinal durchgefahren war, liefen die Palästinenser aus Bethlehem zu den Palästinensern aus Jerusalem und fielen sich in die Arme. Es war eine rührende Szene, sogar die Israelis mussten lächeln. Und für einen Moment dachte ich, das könnte vielleicht einer dieser historischen Momente werden wie der Mauerfall in Berlin vor fast 30 Jahren. Aber dann liefen alle wieder zurück auf ihre Seite. Es summte, die Mauer ging zu.

Die Szene schien so eingespielt zu sein wie das Krippenspiel in der Kirche, und ich glaube, das hat mich am meisten irritiert. Ich habe 1989 gelernt, dass Systeme über Nacht zusammenstürzen können, aber seit ich hier lebe, fühle ich mich eher wieder in die Jahre vor dem Mauerfall versetzt, wo ich mir nicht vorstellen konnte, dass sich jemals etwas ändern wird.

Es ist ein anderes Land, eine andere Zeit, ein anderer Konflikt, aber ich habe hier oft das Gefühl, auf einer Zeitreise zu sein: die Mauer, die Checkpoints, der Schießbefehl, die Diskussionen darüber, ob Palästinenser, die die Grenze in Gaza stürmen, Terroristen oder Helden sind, die unversöhnlichen Standpunkte. Nur bewege ich mich diesmal auf beiden Seiten der Mauer, kann die Checkpoints passieren, an den Warnschildern für Israelis vorbeifahren, im Bus nach Jerusalem sitzen bleiben, wenn die Palästinenser aussteigen, in Tel Aviv frühstücken und in Ramallah abendessen. 30 Jahre nach dem Mauerfall fühle ich mich ein bisschen wie der Westbesuch, der das Privileg hatte, hin- und herzureisen, und sich trotzdem über die strengen Grenzkontrollen beschwerte. Und ich würde alles dafür geben, zu wissen, wann auch hier die Mauer fällt und wir zusammen nach Ramallah fahren können.

Liebe Yael, ich wollte eigentlich nicht so schwermütig werden, aber das Leben ist hier so. Manchmal leicht und manchmal schwer. Wer weiß das besser als du! Ach, die Sirenen haben übrigens auch noch geheult. Am ersten Feiertag. Morgens um zehn. Ein Probealarm.

Deine Anja

Berlin, 11.1.2019

Liebe Anja,
heute habe ich an unsere erste Begegnung gedacht. Fast ein Jahr ist das her.

Du hast mir eine E-Mail geschickt, in der du erzähltest, du hättest auf der Website des Bötzowviertels eine Anzeige von mir gefunden und daraus entnommen, dass ich Israelin bin. Ihr würdet gegenüberwohnen und in ein paar Wochen nach Israel übersiedeln. Vielleicht wären wir bereit zu einem Treffen, um euch ein paar Tipps zu geben.

Wir schrieben zurück, dass wir euch gern kennenlernen würden. Zwei Tage später gingen Aharon und ich über die Straße und zu euch hinauf, wo wir aus euren Fenstern unsere Wohnung sehen konnten. Du hast uns mit Käse, Oliven und Wein verwöhnt, und wir unterhielten uns. Keiner ahnte, dass dieses Treffen einen Briefwechsel auslösen und zu einer tiefen Freundschaft führen würde. Vielleicht ist dies eine gute Gelegenheit, dir für jene E-Mail zu danken, die das alles in Gang gesetzt hat.

Zunächst verstand ich nicht, was euch bewegte, aus eurem Viertel und eurem schönen Heim in das schwierige Land zu ziehen, das wir erst kürzlich verlassen hatten. Aber nach einigem Nachdenken begann ich euch zu beneiden, denn ich erkannte das Potenzial der Position, die du in deinem letzten Brief geschildert hast: in Israel zu leben, ohne für die eine oder andere Seite Partei ergreifen zu müssen, ohne die seelische Last der Zugehörigkeit, die Möglichkeit zu haben, nach Gaza oder Ramallah zu fahren und kurz darauf wieder in Tel Aviv zu sein, die Möglichkeit, die Lage aus allen Blickwinkeln zu betrachten.

Das ist ein Privileg, das ich niemals genießen werde. Viele Länder sind mir mit dem israelischen Pass verschlossen. Es ist doch seltsam, dass ich in Tel Aviv, wenige Fahrtstunden von Beirut und Damaskus, aufgewachsen bin, aber erst mit 36 Jahren zum ersten Mal jemanden aus Syrien oder Libanon gesprochen habe – hier in Berlin, im Deutschkurs, wo wir uns gemeinsam bemühten, deine schwierige, schöne Sprache zu lernen.

Mauern öffnen und schließen sich, werden errichtet und fallen, jederzeit, überall, auf physischer wie metaphysischer Ebene. Es ist wohl Glückssache, wann man auf welcher Seite einer Mauer geboren wird. Als Angehörige der dritten Generation der Schoa, als Israelin und als Mensch wie alle anderen, die Mauern und Barrieren im Innern tragen, beschäftige ich mich häufig mit dem Thema. Auf manche Mauern habe ich keinen Einfluss, aber andere meine ich meistern zu können.

Das ist ein Grund für meine Liebe zur Musik. Musik ist eine Sprache, die Menschen in aller Welt verstehen, eine Brücke zwischen Kulturen. Als Musikstudentin an der New School University in New York lebte ich zum ersten Mal außerhalb Israels. Anfangs betrübte mich das Gefühl, ortsfremd zu sein, nicht dazuzugehören, aber bald erkannte ich, wie wunderbar es sich an einem Ort lebt, für den man keine Verantwortung trägt.

Ich kam mir sehend, aber unsichtbar vor. Niemand scherte sich darum, wer ich war, was ich tat oder unterließ. Das befreite mich mit einem Schlag und machte es mir möglich, »ich« zu sein. Ähnlich bietet Berlin mir heute einen ruhigen Ort, wo ich mich mit Dingen beschäftigen kann, die mich tatsächlich interessieren, und die Fremdheit verleiht mir den Mut zum Wagnis, meistens zumindest.

Es ist jetzt Abend. Von meinem Arbeitszimmer aus sehe ich euren Balkon. In euren Fenstern brennt kein Licht. Die Mieter sind wohl nicht zu Hause. Und ihr seid natürlich nicht da. Ich frage mich: Könnt ihr eure Position als Gäste in Israel wirklich auskosten? Genießt ihr das Wetter, die guten Menschen, das Essen, das Meer? Oder bedrängen euch die Probleme ringsum? So wie sie uns bedrängt haben? Gelingt es euch, eure Fremdheit dazu zu nutzen, ihr selbst zu sein?

Deine Yael

Tel Aviv, 18.1.2019

Liebe Yael,
vor ein paar Jahren habe ich mir eine neue Armbanduhr gekauft, eine Funkuhr, die sich von allein umstellt. Sommerzeit, Winterzeit, Kurzurlaub in London oder Moskau, die Zeiger drehen sich wie von Zauberhand, bis die Zeit wieder stimmt. Das gilt leider nur für Europa. Überall sonst muss ich die Uhr selbst umstellen, was kompliziert ist. Ich habe es in New York einmal gemacht, beim zweiten Mal aber bereits gelassen. In Tel Aviv habe ich meine Uhr noch nicht ein einziges Mal umgestellt. Sie tickt weiter nach der deutschen Zeit. Ich rechne im Kopf einfach die israelische Stunde dazu. Wenn es in Berlin um fünf ist, ist es in Tel Aviv um sechs. Man gewöhnt sich daran. Ich bin noch nie zu spät gekommen, nur in Berlin mal eine Stunde zu früh.

Als ich deinen letzten Brief las, dachte ich darüber nach, ob es wirklich an meiner Bequemlichkeit liegt, dass ich die Uhr nicht umstelle, oder daran, dass ich einfach gerne in ihrem Rhythmus ticke: ein bisschen hier, ein bisschen da, noch nicht richtig angekommen, bald wieder weg. Ein »Gast«, genau wie du sagst.

Gastsein ist wunderbar. Schon in New York habe ich es genossen. Deutschland und seine Probleme kamen mir plötzlich ganz klein vor, und zwischen all den Einwanderern fühlte ich mich das erste Mal tatsächlich als Deutsche, mir wurde bewusst, was mich ausmacht, was mich von anderen unterscheidet und was nicht. Ich habe, genau wie du, erst in der Ferne zu mir selbst gefunden und womöglich hat mir diese Erfahrung erst das Selbstbewusstsein gegeben, nach Israel zu ziehen.

Du fragst, ob ich meinen »Gast«-Status hier genießen kann. Ja, kann ich, ich liebe das Leben hier, nicht umsonst schlafe ich so gut. Aber dann, und das ist die andere Seite, gibt es schwierige Momente: wenn ich Holocaustüberlebende treffe und mir die Ungeheuerlichkeit der Verbrechen der Deutschen im Nationalsozialismus bewusst wird, wenn mich der Nahostkonflikt zermürbt, wenn ich mich unwohl fühle, weil alle am Tisch nur meinetwegen Englisch sprechen, wenn am Sabbat die Familien zusammen sind und ich meine Familie vermisse.

Es gibt einen Unterschied zwischen uns beiden. Du bist als Einwanderin nach Berlin gekommen, ich bin als Korrespondentin nach Tel Aviv gezogen. Du besitzt die deutsche Staatsbürgerschaft, ich habe ein Arbeitsvisum. Du bleibst vielleicht, ich gehe mit Sicherheit zurück, und das liegt nicht nur an meinem Job, es hat auch damit zu tun, dass ich, selbst wenn ich wollte, nicht nach Israel einwandern könnte. Israel, der jüdische Staat, nimmt Juden aus der ganzen Welt auf, aber keine Deutschen, die es schön finden, am Meer zu leben, und gerne Hummus essen. Auch das hat mit dem Antisemitismus und der Geschichte meines Landes zu tun. Sie ist nie weg, diese Geschichte. Meine Uhr erinnert mich daran. Gerade tickt sie wieder in der richtigen Zeit.

Ich bin für ein paar Tage in Berlin, weil ich das Schicksal einer jüdischen Familie im Nationalsozialismus recherchiere, verbringe viel Zeit in Archiven und begreife, wie wenig Zeitzeugen es noch gibt und wie wichtig es ist, uns von denen, die noch da sind, erzählen zu lassen, was sie erlebt haben. Das ist der Grund, warum wir beide am Dienstag zusammen einen Ausflug nach Brandenburg gemacht haben. Wir waren bei Aharons Onkel David, dem 92-jährigen Auschwitzüberlebenden, in Bestensee. Seit du neulich über ihn geschrieben hast, haben wir immer wieder darüber gesprochen, ob wir ihn einmal zusammen besuchen sollten. Aharons Mutter hat ihn dann einfach am Telefon gefragt, und er hat Ja gesagt.

Wir ließen sofort alle Pläne sausen und saßen wenige Stunden später in David Levins Wohnzimmer, wo er uns von seiner Heimatstadt Warschau, seiner Deportation und seiner Zeit in den Konzentrationslagern Majdanek, Auschwitz und Buchenwald erzählte. Zum Schluss zeigte er uns das Foto seiner Familie, von der keiner überlebt hat außer ihm, sein größter Schatz. Ich werde diesen Abend mit David und dir nicht vergessen.

Wir sind dann zurück nach Berlin gefahren, du hast es gerade noch so zur Meditation geschafft, ich habe mich mit meiner Tochter zum Essen getroffen. Das Leben geht weiter. Die Uhr tickt. Wenn du diesen Brief liest, bin ich schon wieder auf dem Weg nach Tel Aviv, in die andere Zeitzone.

Deine Anja

Berlin, 25.1.2019

Liebe Anja,
unsere gemeinsamen Stunden bei David, als er von seinem Leben erzählte, gehen mir nicht aus dem Sinn. Gut, dass wir zusammen hingefahren sind. Ich brauchte dich dort – nicht nur wegen der Sprache (David spricht nur Deutsch und Polnisch), sondern vor allem weil es sich richtig anfühlte, ihm gemeinsam, als Freundinnen, gegenüberzusitzen, als lebender Beweis für die Brücke zwischen unseren Kulturen, die für immer durch jene Schreckenszeit verbunden sein werden.

Als wir seinen Erinnerungsfetzen und Geschichten lauschten, die sicher nur einen kleinen Teil seiner Schreckensjahre wiedergaben, dachte ich an mein persönliches Trauma, an die Krebserkrankung, die ich durchgemacht habe. Wie schwer ist es mir damals nach den Behandlungen gefallen, das seelische Gleichgewicht wiederzufinden und zum normalen Alltag zurückzukehren.

Ich blickte David in die Augen, in denen immer noch ein lebendiger Funke blitzte, sah ihn gelegentlich lächeln oder sogar lachen und war voll Bewunderung. Seine Fähigkeit, nach einem solchen Trauma weiterzuleben, kam mir schier unglaublich vor. Ich frage mich, ob die seltene Stärke, die ich bei David entdeckte, seit jeher in ihm gesteckt und ihn befähigt hatte, den Holocaust zu überleben, oder ob sie erst durch das Trauma entstanden war. Wahrscheinlich sowohl ... als auch.

Ich fragte ihn, warum er wohl überlebt habe, im Gegensatz zu vielen anderen, die bei ihm waren, und auf seine Antwort, es sei reines Glück gewesen, wäre ich beinahe in Tränen ausgebrochen. Dieser Moment ging mir mehr zu Herzen als die furchtbaren Schilderungen und erschütternden Geschichten zuvor. Dieses schreckliche Roulette des Lebens beschäftigt mich immer noch.

Erst vor einigen Wochen habe ich einen Teil des Gedichts von William Blake vertont, das genau von diesen Glückskindern spricht, die zur rechten Zeit am rechten Ort geboren werden, und von jenen anderen, bei denen es umgekehrt ist: Every Night and every Morn / Some to Misery are Born / Every Morn and every Night / Some are born to Sweet Delight / Some are born to Endless Night.

Aus der »süßen Wonne« meines privilegierten Lebens wage ich zuweilen einen Blick auf das Geschehen jenseits der dunklen Berge. Vor zwei Wochen habe ich Raad, meinen Freund aus dem Deutschkurs, zum Kaffee eingeladen, um gemeinsam zu überlegen, wie wir mehr Flüchtlinge für Veranstaltungen im Kunstsalon Framed gewinnen könnten. Der 22-jährige Raad hat vier Kinder und seine Eltern (der Vater ist körperbehindert) durchzubringen. Er arbeitet in zwei Jobs und hat doch Mühe, seine Familie zu ernähren oder eine passende Wohnung für sie zu finden. Als ich ihm Hilfe anbot, lehnte er ab: »Ich bin ein gesunder junger Mann und nicht bereit, Geld von jemandem anzunehmen. Ich möchte es mit eigenen Händen schaffen.« Auf meine Frage nach der Situation in Syrien antwortete er, er wolle lieber vergessen. Jedes Mal, wenn er an die Lage in seiner Heimat denke, kämen ihm die Tränen. Seine Angehörigen lebten dort immer noch in der Hölle.

Er wollte sich bemühen, nette Leute aus Syrien zu Framed einzuladen, und hielt Wort. Er brachte Freunde mit und sagte lachend, sie hießen alle Mohammed, so könnte ich mir ihre Namen leicht merken. Es wurde ein fantastischer Abend.

Wenn ich Onkel David oder Raad treffe, meine ich, dass der Mensch nicht an den überstandenen Katastrophen zu messen ist, sondern daran, wie er sich wieder aufrappelt und weitermacht. Vielleicht ist das ein Klischee, aber ich glaube, es zeigt, dass Fragen wie »Warum ist das gerade mir zugestoßen?« irrelevant sind. Was zählt, ist allein die Zukunft, vielleicht sogar nur die Gegenwart.

Ich hoffe, du bist wieder gut im schönen Jaffa gelandet und das Wetter lacht bei dir mehr als bei der Kälte, die dich in Berlin erwischt hat. In Vorfreude auf deinen nächsten Brief,

deine Yael

Tel Aviv, 9.2.2019

Liebe Yael,
neulich habe ich dir geschrieben, wie schön es ist, Gast zu sein in einem fremden Land, aber auch wie schwer. In den letzten Tagen habe ich das wieder gespürt: dass ich manchmal einfach nicht weiß, wen ich anrufen kann, um von meinem Tag zu erzählen.

Natürlich könnte ich in Berlin anrufen, die Stimmen klingen ganz nah am Telefon, aber es ist nicht das Gleiche: weil es dort kalt ist und hier warm, weil dort ADAC-Hubschrauber über der Stadt kreisen und hier Kampfhubschrauber, weil dort Gerhard Schröder Andrea Nahles angreift und hier Benjamin Netanjahu Benny Gantz.

Barbara, eine New Yorker Freundin, hat mir mal gesagt, in New York sei es leicht, Leute kennenzulernen, aber echte Freunde zu finden dauere genauso lange wie in Berlin oder Frankfurt. Das Gleiche trifft auf Tel Aviv zu. Ich habe hier wunderbare Menschen kennengelernt, deine Familie eingeschlossen, aber bis daraus Freundschaften werden, sind wir wahrscheinlich schon wieder weg. In New York haben wir genau in dem Moment, als wir am liebsten für immer geblieben wären, unsere Sachen gepackt.

Die Entfernung zu meinen New Yorker Freunden ist von hier aus noch größer geworden. Zwölf Flugstunden, sieben Stunden Zeitverschiebung! Und es steht noch etwas zwischen uns. Etwas, das ich erst nicht so richtig verstanden habe: warum Henri, als er von unseren Umzugsplänen erfuhr, spitz fragte: »Und konvertiert ihr jetzt auch zum Judentum?«, warum Deb und Paul keine Lust auf einen Besuch haben, obwohl sie noch nie in Israel waren, und warum Aviva, als sie neulich zur Beerdigung ihrer Tante in Haifa war, es nach Nablus in die besetzten Gebiete geschafft hat, aber nicht zu uns nach Tel Aviv.

Meine liberalen New Yorker Freunde, gerade die jüdischen, hatten immer schon ein distanziertes Verhältnis zu Israels rechter Regierung und der Besatzungspolitik, aber seit Trump und Netanjahu beste Freunde geworden sind und die US-Botschaft nach Jerusalem verlegten, scheint die Distanz noch größer geworden zu sein. In israelischen Zeitungen liest man ständig über den Konflikt zwischen israelischen und amerikanischen Juden, es soll in New York inzwischen Tausende Israelis geben, die es hier nicht mehr ausgehalten haben, und in Israel so viele Trump-Fans wie in keinem anderen Land der Welt. Ich kenne keinen von ihnen, von Politikern mal abgesehen, und ich habe immer gedacht, es handele sich um einen innerjüdischen Konflikt, aus dem ich mich als Deutsche besser raushielte. Wie schwer das ist, merkte ich an dem Abend, als Roseanne nach Tel Aviv kam.

Roseanne ist eine amerikanische Komikerin, die wegen eines rassistischen Tweets über Obamas Beraterin von ihrem Sender ABC gefeuert wurde und nun offenbar eine Art Comeback versuchte – in Israel.

Ich fand das interessant, ich wollte sehen, wie sie sich neu erfindet. Am Abend zuvor war sie in Jerusalem gewesen, nun in einem englischsprachigen Salon im Norden von Tel Aviv. Sie kam eine Stunde zu spät, sah müde aus, fuhr der Moderatorin über den Mund, machte ein paar Trump-Sprüche, erzählte über ihr Tora-Studium und über Nachbarn, die den Holocaust überlebt hatten, erklärte, es gebe keine Besatzung im Westjordanland, lobte die Verlegung der US-Botschaft nach Jerusalem, sah sich als Opfer antisemitischer Attacken und spielte ernsthaft mit dem Gedanken, Ministerpräsidentin von Israel zu werden.

Es gab Beifall, Jubel, Standing Ovations – keinen Widerspruch. Gebuht wurde nur gegen den Sender, der sie rausgeschmissen hatte, gegen den Journalisten, der in Jerusalem eine Entschuldigung für den Tweet verlangt hatte, und gegen einen Mann in der ersten Reihe, der nicht Roseannes Meinung war. Die Moderatorin sagte vor Schreck gar nichts mehr, der Mann in der ersten Reihe wurde aus dem Saal geführt, mein Sitznachbar sah auf mein Notizbuch. Ich klappte es zu. Ich wollte nur noch raus, weg von hier. Ich war mitten in Tel Aviv in Trumps Amerika gelandet.

Zu Hause in Jaffa schrieb ich meiner Freundin Debbie und berichtete ihr von dem Abend. Sie antwortete sofort: »Roseanne, oh ja, ein Albtraum.« New York war doch näher, als ich dachte.

Wie geht es dir, Yael?

Deine Anja

Berlin, 15.02.2019

Liebe Anja,
mir geht es gut. Ich bin sehr beschäftigt, entwickle mehrere Projekte gleichzeitig. Schreiben, Musik, die Kinder – all das erfüllt meine Tage und Nächte. Außerdem ist Aharon schon fast eine Woche nicht zu Hause, ist zum Meditieren in ein buddhistisches Kloster in die französischen Alpen gefahren, genau gegenläufig zu meinem Zustand. Ich renne den ganzen Tag von Ort zu Ort, komme kaum zum Luftholen und stelle mir vor, wie er allein – ohne Computer, Bücher, Telefon oder sonst was – in einem Zimmer im Lotussitz verharrt, seine Gedanken anflattern sieht und ihnen dann wieder zum Abschied winkt. Ehrlich gesagt, bin ich nicht sicher, wer von uns beiden es schwerer hat.

Du schreibst in deinem Brief darüber, wie es ist, Freunde zu finden. In Berlin ist mir das sehr leichtgefallen. Seit unserer Ankunft haben wir sehr gute und interessante Freunde gewonnen, denen ich mich innig verbunden fühle. Die meisten sind Israelis, andere sind Deutsche oder stammen aus sonstigen Weltgegenden (Großbritannien, Irland, Italien, Syrien, Frankreich, Korea, Mexiko).

Tatsächlich habe ich hier ein reicheres Gesellschaftsleben als früher in Israel. Das hat anscheinend mit meinem Kultursalon zu tun, durch den ich viele Kontakte finde, und wohl auch mit der »Israel-Connection« in der Diaspora. Fast alle Israelis, denen ich in Berlin begegne, sind ganz nach meinem Geschmack und haben eine

Menge mit mir gemeinsam. Viele sind Künstler mit Familie, haben eine ähnliche Weltanschauung wie ich und vor allem einen tollen Unternehmungsgeist. Ohne den kann man die Übersiedlung in ein anderes Land nicht erfolgreich meistern.

Interessant, dass du New York erwähnst. Ich habe ja auch einmal vier Jahre lang dort gelebt, als ich an der Uni war. In New York hatte ich es gesellschaftlich gesehen erheblich schwerer, konnte kaum tiefere Bindungen eingehen. Irgendwas am New Yorker Tempo ließ keinen Raum für Freundschaften. Tel Aviv hat darin Ähnlichkeit mit New York. Alle sind so beschäftigt und gestresst. Hier in Berlin gibt es mehr Luft für Muße, was für ein volles und reges Leben überraschend gut ist.

Vor einigen Tagen war ich mit den Kindern auf einer Geburtstagsfeier der Tochter guter Freunde. Dort traf ich einen israelischen Filmemacher, der schon fünfzehn Jahre in Berlin wohnt. Das erste Gespräch zwischen zwei ortsansässigen Israelis kommt schnell in Gang. Erst tauscht man die Namen aus, als Zweites erkundigt man sich, wie lange der oder die andere in Berlin lebt, danach erzählt jeder, was er so macht, und sofort bahnen sich künftige gemeinsame Pläne und Kooperationen an. Ich finde das großartig. Direkt, schnell und offen.

Er sagte: »Das Problem mit Berlin liegt darin, dass man danach nirgendwo sonst wohnen kann. Trotz aller Schwierigkeiten ist Berlin derzeit der beste Ort zum Leben.« Ich nickte, denn dieses Gefühl habe ich auch irgendwie, und doch störte mich dieser Satz auf unerklärliche Weise. Er rumorte die ganze Woche in meinem Kopf, und jetzt meine ich zu verstehen, warum: Einerseits verwurzele ich hier Tag für Tag stärker, physisch und psychisch, andererseits kann ich mir kaum vorstellen, mein gesamtes weiteres Leben an einem Ort zu verbringen. Es fällt mir schwer, meine Jungs hier zu jungen Männern heranwachsen zu sehen, sie mir als Deutsche vorzustellen.

Mir fehlt ein Teil in dem Puzzle, das wir hier in Berlin zusammensetzen: der Teil der Zukunft. Ich lebe in der Gegenwart, und die ist gut. Aber die Zukunft? Hier in Berlin? Ich weiß nicht recht. Es ist ein eigenartiges Gefühl. Wie zwei entgegengesetzte Kräfte: Gegenwart und Zukunft, hier und dort.

Deine Yael

Tel Aviv, 22.2.2019

Liebe Yael,
schön, dass es dir gut geht. Mir geht es auch gut, jeden Tag versuche ich, ein bisschen mehr vom Land zu verstehen. Dabei hilft mir, dass ich Hebräisch lerne und es zumindest schaffe, Drei-Wort-Sätze mit Nachbarn auszutauschen, im Restaurant die Rechnung zu bestellen, im Fischladen Makrele zu kaufen und beim Bäcker Brot. Sobald Nachfragen kommen, bin ich allerdings aufgeschmissen. Und es kommen immer Nachfragen: wie viel ich haben möchte, ob ich bar oder mit Karte zahle, ob ich eine Einkaufstüte brauche. Manchmal rede ich englisch weiter oder sage einfach nur Ja oder Nein – auf die Gefahr hin, dass ich mit Weiß- statt Mischbrot nach Hause gehe.

Meine paar Brocken Hebräisch sind auch von Nutzen, wenn ich mit dem Auto am Flughafen-Checkpoint stehe und auf die Frage, wie es mir geht, »Danke, gut!« zurückrufen kann. Natürlich will niemand ernsthaft von mir wissen, wie es mir geht, sondern ob ich eine Gefahr darstelle. Meine Hautfarbe hilft, Hebräisch auch. Alex kann es besser als ich, zumindest tut er so. Er nuschelt, damit man seinen Akzent nicht hört. Neulich auf dem Markt hat ein Verkäufer nur mit ihm geredet und nicht mit mir. Alex war der Einheimische, ich die Ausländerin. Der Schwindel flog beim dritten Satz auf, wir haben sehr gelacht.

Wie nützlich es sein kann, so zu tun, als sei man jemand anders, habe ich vor ein paar Tagen gelernt. Wir waren mit einer Gruppe Journalisten in Nablus unterwegs. Vor der Fahrt fragte Adam, von dem ich vorher noch nie gehört hatte, über die Nablus-Field-Trip-WhatsApp-Gruppe, ob er mit unserem Auto mitfahren könnte. »Ja, gerne«, schrieb ich zurück. Und ob auch noch Platz für seinen Kollegen Neri sei. »Kein Problem«, sagte ich.

Fahrgemeinschaften sind sehr beliebt in Israel, genauso wie Trampen. Ich mag das, es erinnert mich an meine Jugend, und ich bin immer wieder überrascht, wie viele Menschen hier bereit sind, bei Wildfremden ins Auto zu steigen. Alex und ich haben schon eine Frau aus Belgrad mit ihrem Kind von einer Tankstelle zum Flughafen mitgenommen und drei junge Männer zu einem Rockfestival in den Golanhöhen. Neulich setzte sich eine 85-jährige Holocaustüberlebende auf meine Rückbank. Sie hatte im Archiv der Gedenkstätte Yad Vashem nach Familienmitgliedern gesucht. Ich brachte sie zum Busbahnhof von Jerusalem.

Adam und Neri von der Nablus-Field-Trip-Gruppe stiegen morgens um halb acht vor Abu Hassans Hummus-Laden bei uns ein. Sie kommen aus den USA, wurden in jüdischen Familien groß, sprechen perfekt Hebräisch und erstaunlich gut Arabisch. Neri, der einen Wahl-Blog hat, hielt uns über die neuesten politischen Entwicklungen auf dem Laufenden. Adam sagte, wo es langgeht, und wenn er es nicht wusste, kurbelte er die Scheibe runter und fragte Passanten nach dem Weg. Auf Arabisch, mitten im Westjordanland, als sei er selbst Palästinenser. Kaum hatte er die Scheibe wieder hochgekurbelt, telefonierte er auf Hebräisch, und an der Grenze verwandelte er sich unter dem kritischen Blick einer israelischen Soldatin in seine dunklen Augen wieder in einen Amerikaner und rief in breitestem Englisch: »Hiii!«

Ich war fasziniert, wie spielerisch mein Kollege Sprachen und Identitäten wechselte. Mal war er Israeli, mal Palästinenser, mal Amerikaner. Wie es gerade am besten passte. Ich fragte ihn, ob er nicht manchmal durcheinanderkomme. »Nein«, sagte er. Und ob ihm schon mal was passiert sei. »Auch nicht«, sagte er und tippte weiter auf seinem Handy herum, als habe er noch nie im Leben über diese Fragen nachgedacht. Ich ließ ihn in Ruhe, sah aus dem Fenster, wo schon Mandelbäume und Mohnblumen blühten, und dachte darüber nach, was Sprachen doch für ein Wundermittel sind.

Ich mache erst mal mit deiner weiter. Gestern habe ich mich in der Ulpan-Sprachenschule angemeldet. Statt einer Stunde werde ich von nun an fünf pro Woche lernen. Diesen Sonntag geht es los.

Deine Anja

Berlin, 2.3.2019

Liebe Anja,
gestern Nacht ist mir etwas Seltsames passiert. Ich weiß nicht, wie spät es war, aber ich schlief schon tief, als auf einmal Lärm in meinen Traum drang und mich aus dem Schlaf riss. Benommen lag ich im Bett neben Aharon, der in seinen eigenen Träumen schwelgte. Das Zimmer war stockdunkel. Ich dachte, jemand könnte sich an den Mülltonnen unter unserem Schlafzimmerfenster zu schaffen machen. Ich sah zum Fenster und verlor die Orientierung, meinte, wir schliefen in der Nachmani-Straße in Tel Aviv, sah deutlich unser kleines Zimmer dort. Nach und nach verflog die Halluzination, ich begann Gegenstände wahrzunehmen, die Gardine, Aharons Schreibtisch, den Heizkörper, und all das bestätigte mir endgültig, dass wir nicht in Tel Aviv, sondern in unserem Berliner Schlafzimmer waren.

Die Mülltonnen stehen hier im Innenhof, und es gibt auch keinen Zugangspfad zur Haustür. Der Lärm musste einen anderen Grund gehabt haben und war längst verklungen. Ich aber hatte noch minutenlang das seltsame Gefühl, zwischen zwei Wirklichkeiten zu schweben. Es fühlte sich so natürlich an, wieder in unserer Wohnung in Tel Aviv zu sein, und doch ängstigte es mich, als würden die Wände sich über mir schließen, falls wir dorthin zurückkehrten – in politischer, künstlerischer, gesellschaftlicher und sogar physischer Hinsicht. Ich fürchtete, den Lebensweg zu verlieren, den ich hier eingeschlagen habe, einen optimistischen, freien Weg.

Der Auslöser könnte ein Telefongespräch gewesen sein, das ich gestern kurz vor dem Zubettgehen mit einer Jugendfreundin in Israel geführt habe. Sie erzählte mir, dass sie gerade von einem Monat in Brasilien nach Israel zurückgekehrt sei, schilderte, wie leicht alles dort gelaufen war – beruflich und privat. Zurück in Israel, wollte sie weiter auf der Erfolgswelle reiten, aber die Welle war gebrochen, meiner Freundin war der Wind aus den Segeln genommen. Sie war ratlos, sagte, sie fühle sich eingesperrt.

Woran mag das liegen? Warum ist es dort so schwierig? Und warum ist es so schwer, wegzugehen? Menschen, die in Europa oder in den USA wohnen, scheint mir, wechseln leichter, mit weniger Schuldgefühl von einem Land zum anderen.

Israel ist jetzt bis zum 9. April im Wahlkampffieber. Ein Regierungswechsel scheint in den Bereich des Möglichen zu rücken. Der linke Block, der bei den letzten Wahlen nach anfänglichen Hoffnungen eine traumatische Niederlage erlebt hat, fürchtet eine weitere Enttäuschung und laviert mit vorsichtigem Optimismus. So fühlt es sich jedenfalls von hier aus an, jenseits der Meeres- und Internetwellen. Ich bin schon völlig verwirrt hinsichtlich meiner politischen Einstellung. Abgesehen von der Tatsache, dass es Zeit wird, Netanjahu abzusetzen, habe ich keine Ahnung, wie unser Staat aus dem Dunkel herauskommen soll, in dem er sich seit einem Jahrzehnt befindet.

Aharon und ich möchten nach Israel fliegen, um zu wählen. Einer von uns soll auf jeden Fall hinfahren. Mal sehen, wie wir das organisieren. Ich war sicher, man könnte hier in der israelischen Botschaft in Berlin abstimmen, aber nix damit. Geht nicht. Als bestrafe man uns dafür, Israel im Stich gelassen zu haben. Das ist ärgerlich. Ich frage mich: Wieso denn? Haben wir etwa keinen

Wehrdienst geleistet? Sind wir keine israelischen Staatsbürger? Ist uns der Staat Israel egal? Haben wir nicht unser ganzes Leben dort zugebracht? Unsere Angehörigen und Freunde leben dort, vermutlich kehren wir dorthin zurück. Warum kann man dann keine Wahlurnen in der Botschaft aufstellen?

Begeistert las ich, dass du jetzt eine Ulpan-Sprachenschule besuchst. Das ist großartig. Alle Achtung für deine Beharrlichkeit. Hebräisch ist eine schwere Sprache, das muss man sagen. Aber wie schön sie ist! Und wie ich mich nach ihr sehne!

Vielleicht schreibe ich dir im nächsten Brief ein oder zwei Sätze auf Hebräisch? Bis dahin.

Deine Yael

Tel Aviv, 8.3.2019

Liebe Yael,
das mit den Träumen kenne ich. Man wird wach und weiß nicht, wo man ist. Ich habe in so einem Traum neulich in Tel Aviv Besuch aus Berlin bekommen, aber das Haus sah aus wie unseres in Brooklyn.

Auch tagsüber erlebe ich manchmal solche Traum-Momente. Wenn ich den ganzen Tag unterwegs gewesen bin und zurück ins Auto steige, um nach Hause zu fahren, sehe ich plötzlich unsere Straße in Berlin vor mir und denke: Ich muss ja noch Abendbrot für die Kinder machen.

Den verrücktesten Traum hatte ich vor ein paar Wochen in Berlin: Alex und ich mussten vor Terroristen fliehen. Wir liefen durch eine fremde Stadt, überall um uns herum explodierten Bomben, Jugendliche mit kaltem Blick versperrten uns den Weg, es war klar, wir kommen hier nicht raus, und ich dachte – ganz im Ernst: Wären wir nur in Israel geblieben, da weiß man, wie man sich vor Terroristen schützt. Ich wurde wach und hatte Angst, auch vor mir selbst. Wer war ich? Eine rechte Netanjahu-Wählerin?

In der folgenden Nacht stand ich – ebenfalls im Traum – vor einem Tel Aviver Club am Meer an, in den nur Besucher, die eine Waffe trugen, eingelassen wurden. Ich hatte keine Waffe, aber mein Presseausweis reichte. Ich hatte Glück, sozusagen. Leute schoben mich rein, ich spürte ihre Colts an meinem Körper. Als ich aufwachte, schweißgebadet, fiel mir ein, dass ich gerade gelesen hatte, wie viele israelische Siedler Waffen besitzen, und dachte: Was mache ich nur in diesem Land!

Keine Ahnung, was diese Träume zu bedeuten haben, vielleicht meine Zerrissenheit. Ich lebe jetzt seit fast einem Jahr hier, und ich weiß nicht, was stärker ist, die Angst, dass etwas passiert, oder die Angst vor den Reaktionen darauf. Ich kann diese Angst verdrängen, tage-, manchmal wochenlang. Dann ist es wunderschön hier, das Meer so klar und blau wie die Karibik, die Menschen jung und voller Energie. Aber gerade wenn ich mich in der Sorglosigkeit einrichten will, passieren wieder Anschläge, oder in Gaza wird Krieg prophezeit.

Die Anschläge sind im Westjordanland, Gaza ist 70 Kilometer entfernt, dennoch höre ich auf jedes Geräusch, jeden Hubschrauber, schrecke bei jeder Nachricht auf meinem Handy zusammen und frage mich, wie lange man diesen Zustand aushalten kann und was das mit einem macht. Auf Dauer, meine ich.

Als ich vor vier Jahren mit einer Gruppe der Bundeszentrale für politische Bildung hier war, habe ich eine Führung durchs Bauhausviertel mitgemacht. Ich bin durch schattige Straßen an weißen Häusern vorbeigelaufen, die nicht mehr weiß, sondern grau und ziemlich heruntergekommen waren. »Das lag daran«, erzählte der Führer, »dass deutsche Architekten und Ingenieure, die in den Dreißigern vor den Nazis nach Palästina flohen, kaum Bargeld, dafür aber Baustoffe wie Waschputz mitnehmen durften. In Israel gibt es keinen Waschputz, es ist schwer, die Häuser zu erhalten, und den Eigentümern ist es auch nicht so wichtig«, sagte der Mann. Man wisse ja nie, was morgen passiere, ob man dann überhaupt noch hier sei. Mit anderen Worten: Der Zustand der Häuser zeigt auch den Zustand der Gesellschaft.

Von allem, was ich auf der Reise lernte, ist mir diese Erkenntnis mit am besten in Erinnerung geblieben. Ich denke daran, wenn ich durch die Stadt laufe und sehe, dass Häuser hier so schnell hochgezogen werden wie Zelte auf einem deutschen Campingplatz, wenn unsere Hausverwalterin die Wasserschäden in unserer Wohnung begutachtet und versichert, dieser Winter sei so streng gewesen wie kein anderer zuvor, noch mal passiere das nicht. Es fällt mir ein, wenn ich Leute treffe, die gerade die Staatsbürgerschaft ihrer Vorfahren beantragt haben, die portugiesische, polnische, deutsche oder kanadische, manchmal auch mehrere auf einmal – weil anspruchsvolle Tel Aviver gerne eine gewisse Auswahl haben, wenn sie dann schon fliehen müssen.

Ich weiß, du kennst das alles viel besser als ich. Ich höre schon auf. Die gute Nachricht ist, ich sehe in letzter Zeit immer mehr Häuser, die rekonstruiert wurden. Mit leuchtend weißen Fassaden! Außerdem ist der Winter vorbei. Er war kühl und stürmisch, mild und hell, gar nicht so schlecht eigentlich.

Deine Anja

Berlin, 15.3.2019

Liebe Anja,
ich bin froh, dass unser Briefwechsel bei Träumen angelangt ist, diesem zauberhaften und unerklärlichen Ort, an dem Wirklichkeit und Fantasie verfließen. Doch auch außerhalb der Traumwelt, im Alltag, verliere ich manchmal die Orientierung. So komisch es klingt, aber ich schaffe mir fast überall meine eigene Blase, und daher ist das Wo in gewisser Hinsicht weniger wichtig. Nicht, dass ich das Geschehen um mich her nicht bewusst wahrnehme, aber letzten Endes investiere ich die meiste Zeit in meinen engsten Kreis: Familie, Freunde, Haus, schöpferische Arbeit.

Meine Blase ist mein Zuhause. Und dieses Zuhause habe ich mir schon an allen möglichen Orten geschaffen: in Tel Aviv, New York, Neuseeland und in unserer jetzigen Berliner Wohnung. Rückwirkend betrachtet, waren sich diese »Zuhause« ähnlich – in ihrer Ästhetik (bei mir müssen sie hübsch und aufgeräumt sein, sonst verlieren sich meine Gedanken in alle Richtungen), in den geltenden Hausregeln (Gastfreundschaft, Gleichberechtigung, Freundlichkeit, Fairness, Musik, Essen, Kunst, Humor) und in der Liebe.

In Tel Aviv hatte ich mir reichlich Schutz- und Verdrängungsmechanismen geschaffen. Wie du selbst merkst, bleibt einem dort nicht viel anderes übrig. Sogar bei einer Arbeit wie deiner, die dich verpflichtet, mit politischen und gesellschaftlichen Dingen verbunden zu sein, muss man einen Platz schaffen, um sich darin zu verkriechen und gelegentlich das Leben zu genießen. Das soll man nicht auf die leichte Schulter nehmen. Mit den Jahren verstehe ich mehr und mehr, wie wichtig es ist, zu genießen. Es ist praktisch ein Verbrechen, Quellen des Genusses oder Glücks nicht auszuschöpfen. Ich nehme an, für euch ist es das Meer, das permanent einfach da ist.

Tel Aviv war für mich eine erstklassige Blase. Ich war zufrieden und verdrängte alles Schwierige und Furchterregende. Selbstverständlich gab es Augenblicke, in denen die Blase ein Loch bekam oder sogar aufriss, aber ich hatte gute Techniken zum Instandsetzen oder Sanieren.

Aharon hingegen ist kein Meister im Verdrängen. Alles dringt in sein Inneres ein, und deshalb wünschte er unseren Umzug nach Berlin, lange bevor ich etwas davon hören wollte. Mir reichte meine Blase. Ich dachte, es gebe keinen besseren Ort, nur Orte mit anderen Problemen. Wozu dann die Mühe, unsere Probleme gegen andere zu tauschen, wo ich doch gerade gelernt hatte, mich gegen die hiesigen zu schützen? So ging das bis zu meiner Erkrankung, die meine Welt zum Einstürzen brachte. In dieser Krise hielt ich Veränderung für den einzigen Ausweg.

Heute weiß ich, dass der Umzug segensreich war, weil er uns zwang, neu anzufangen, darüber nachzudenken, wer wir sind und was wir sein möchten. Auf einmal konnten wir Mauern einreißen, die uns im Weg gestanden hatten. In Berlin ist das Leben ruhiger und einfacher. Trotzdem fehlt es nicht an Dingen, die das seelische Gleichgewicht bedrohen: Sprachschwierigkeiten; Politik, die ich nicht verstehe; oder der kulturelle Unterschied, der Missverständnisse auslöst. Deshalb habe ich mir meinen Kultursalon geschaffen, wir haben ein gemütliches Zuhause, haben die Kinder und eine Straße mit Kirschbäumen, die rosa blühen. Das ist jetzt meine Blase, die ich hege und pflege. Essen für die Kinder kochen, die Wohnung aufräumen, arbeiten, Lieder schreiben. Darüber hinaus ist es schwer, mich auch noch eingehender mit meiner Umwelt zu befassen – mit Erderwärmung, Politik, Rassismus.

Ich hoffe, du verstehst mich. Ich möchte sagen, dass ich wirklich in Berlin verliebt bin. Ich treffe hier täglich tolle Menschen und lerne sehr viel über die Kultur um mich herum. Mich interessiert meine Ortsbindung, aber ich kann meine Blase eigentlich überallhin versetzen und ohne sie wohl nirgendwo existieren.

Vielleicht ist das die Ursache unserer Träume, in denen alles verschwimmt – New York, Berlin, Tel Aviv, Vergangenheit, Zukunft und Gegenwart. Nichts steht fest außer dem, was wir sind und was wir empfinden.

Deine Yael

Tel Aviv, 22.3.2019

Liebe Yael,
ich muss dir von meiner ersten Rakete erzählen. Sie landete fast genau ein Jahr, nachdem ich in Tel Aviv angekommen war. Es war Donnerstag, der Abend vorm Sabbat. Ich war allein zu Hause und hatte es mir auf dem Sofa gemütlich gemacht, um einen Film zu sehen. Draußen stürmte es, die Wellen peitschten gegen das Ufer, der Regen gegen die Fenster. Vielleicht hörte ich deshalb die Sirenen nicht, nur den Knall, einen dumpfen Knall. Für einen Moment schien die Erde zu beben. Ich lief auf den Hof, wo es leer war und still, und wieder zurück ins Haus. Die ersten Eilmeldungen poppten auf: Raketenalarm in Tel Aviv. Die Fernsehsender wechselten ihre Programme. Moderatoren redeten durcheinander. Ich verstand nur »Gaza«.

Meine Gedanken rasten. Was sollte ich machen? Ich wusste natürlich, dass hier so was passieren kann, aber ich konnte es mir nicht vorstellen. In der Schule waren wir auch immer vor Raketen gewarnt worden und mussten Bombenalarm spielen, uns mit angezogenen Beinen auf den Boden hocken und die Arme über den Kopf legen. Für mich war es genau das: ein Spiel. Wir hatten nicht mal einen Schutzraum im Haus. Die Maklerin hatte uns gefragt, mehrfach. Diplomaten müssen einen haben, sonst dürfen sie nicht einziehen. Wir sind keine Diplomaten, und wir mochten das alte osmanische Haus in Jaffa auch so.

Ich rief Hanin an, Alex' Assistentin. Sie stand gerade

mit Kindern und Hund in ihrem Treppenhaus, weil Treppenhäuser sicher sein sollen. »Geh ins Gästebad, da sind keine Fenster«, riet Hanin. Sie wirkte nervös und konnte gar nicht fassen, dass bei uns die Sirenen nicht zu hören waren. Das werde sie gleich der Bezirksverwaltung melden, sagte sie.

Ich ging ins Gästebad, setzte mich auf den Toilettendeckel und rief meine Nachbarin Carianne an. Sie hatte die Sirenen gehört, aber nur leise und dachte, es handelte sich um eine Autoalarmanlage. »Gästebad ist gut«, sagte sie, und klang dabei so gelassen, dass ich gleich wieder ins Wohnzimmer zurückging und Carianne einlud, zu mir runterzukommen in die erste Etage. »Unten ist es sicherer als oben«, sagte ich. – »Ja«, antwortete sie, »das wäre eine gute Gelegenheit, mal wieder zusammen ein Glas Wein zu trinken.« Sie müsse kurz nach ihrer Tochter schauen und melde sich später.

Wein war ein gutes Stichwort. Ich entkorkte eine Rotweinflasche und rief Alex an, der sich auf einer Wahlkampfveranstaltung der Neuen Rechten in Modiin befand. Er nahm ab und flüsterte in den Hörer, er komme so bald wie möglich, er müsse nur noch den Auftritt der Ministerin abwarten. Ich flüsterte zurück: »Aber hier ist Raketenalarm.« – »Ich weiß«, sagte er, »ist aber wirklich schlecht gerade.«

Ich legte auf und fragte mich, warum in Wirklichkeit oft alles so anders ist, als man sich das vorstellt. In meiner Vorstellung hätte der Ehemann augenblicklich zurück nach Hause kommen müssen, die Nachbarin wäre sehr verzweifelt gewesen und die Assistentin bestimmt nicht zuerst auf den Gedanken gekommen, sich bei der Stadtverwaltung zu beschweren. Vielleicht ist das die eigentliche Erkenntnis dieser Nacht: Wie unglaublich normal das Leben selbst in Ausnahmesituationen sein kann.

Ich wählte mich dann noch in eine Konferenzschaltung mit einem ehemaligen Sicherheitsberater der Regierung ein, der von zu Hause aus die Lage einschätzte. Er sagte, es handele sich um zwei Raketen, eine sei vom System Eisenkuppel abgefangen worden, die andere auf freiem Feld gelandet. Es habe weder Tote noch Verletzte gegeben. Zum Schluss wünschte er einen schönen Abend. Ich beschloss, seinem Rat zu folgen, schrieb Alex, er könne sich Zeit lassen, sah den Film zu Ende und ging ins Bett.

Am nächsten Tag schien die Sonne, der Markt in Jaffa kam mir voller vor als sonst. Die Leute saßen draußen, tranken Wein, feierten das Leben. Selten war die Stadt schöner gewesen als an diesem Morgen. Über die Raketen redete kaum noch jemand. Die Hamas habe sie aus Versehen abgeschossen, hieß es. Das ist die seltsamste Erklärung, die ich je gehört habe, aber es tut gut, daran zu glauben.

Deine Anja

Berlin, den 29.3.2019

Liebe Anja,
ich las deinen Brief und meinte plötzlich, einen Raketenhagel im Kopf zu spüren. Ich kenne diese sonnigen Vormittage auf dem Markt, an denen man das Leben bei einem Glas Wein feiert, in völliger Verdrängung »versehentlich abgeschossener« Raketen oder sonstiger Dramen dieser Art. Aber vielleicht ist es ja gar keine Verdrängung, sondern ein Sichabfinden damit, dass das Leben ständig hoch gefährdet ist und man deshalb jede Gelegenheit zum Feiern nutzen sollte.

Meine Mutter, die ihren Bruder im Jom-Kippur-Krieg verloren hat und so als einzige Tochter ihrer Eltern hinterblieben ist, sagt immer: »Feste muss man feiern, wie sie fallen, die Sorgen kommen von allein.« Sie lebt nach diesem Spruch. Und ich auch.

Nächste Woche zieht mein Salon Framed in seine festen Räume in Friedrichshain. Ich kann es gar nicht fassen und seit Wochen vor Aufregung kaum schlafen. Gerade werden die Lichter für die Kunst und die Lautsprecher für die Vorführungen installiert, danach wird die Küche eingebaut, und zum Schluss kommen die Teppiche und Polstermöbel. Sogar ein Neonschild fürs Fenster habe ich schon bestellt. Ich plane alles bis ins kleinste Detail. Es soll ein Kultursalon werden, der alles beherbergt, was mir lieb und teuer ist: Kunst, Musik, Kultur und das Wichtigste – gute Menschen aus aller Welt. Ich hoffe, alle werden sich dort heimisch fühlen.

Je mehr dieser Traum wahr wird, desto öfter frage ich

mich: Warum tue ich das hier? In einer Stadt, die nicht meine ist? Es ist doch ein gemeinnütziges Projekt für Musiker und Künstler, das nicht auf Gewinn angelegt ist. Wenn ich schon so viel Zeit und Kraft fürs Gemeinwohl investiere – warum dann nicht in Tel Aviv? In meiner Stadt? Für meine Leute?

In Wahrheit kenne ich die Antwort, sie ist sehr einfach: In Tel Aviv hätte ich keine Chance. Momentan gibt es dort nicht die kleinste Marktlücke, in die so ein Projekt hineinschlüpfen könnte. Trotz dieser Erkenntnis versetzt es mir manchmal einen Stich ins Herz, dass ich meinen Traum so weit von zu Hause verwirkliche. Vielleicht kann ich ja, wenn Framed erst mal hier in Berlin etabliert ist, eine kleine Filiale in Tel Aviv aufmachen. Hoffen wir's.

Apropos Träume und schlaflose Nächte: David (mein Großer) wacht in den letzten Wochen sehr früh auf. Jeden Morgen gegen 5.30 Uhr steht er fertig angezogen an meinem Bett. Ich weiß nicht, wieso. Bis vor Kurzem mussten wir die Kinder um sieben Uhr wachrütteln. Liegt es am früheren Sonnenaufgang, hat er Kummer? Gestern Nacht hörte ich ihn kurz nach dem Einschlafen weinen. Ich lief in sein Zimmer und versuchte, ihn zu beruhigen, aber er lebte völlig in seinem Albtraum, keines meiner Worte überzeugte oder entspannte ihn, bis er schließlich wieder ruhig schlummerte. Morgens konnte er sich an nichts erinnern. Ich schon. Ich erinnerte mich an seinen entsetzten Blick und an seinen Atem, der mit dem durchlebten Schmerz zu ringen versuchte. Und ich weiß, sein Körper wird das, was ihm nachts geschehen ist, in Erinnerung behalten, obwohl es nur ein Traum war.

Wer wir sind und wie wir handeln, beruht auf vergessenen (oder unvergessenen) Traumata des Körpers und der Seele – Traumata ganzer Völker und Staaten. Nimm uns beide: Wir leben auf verschiedenen Seiten desselben nationalen Traumas. So gesehen ist es vielleicht gerade richtig, Framed hier am Schnittpunkt und nirgends sonst zu eröffnen.

Dabei fällt mir Rahel Varnhagen ein. Ich glaube nicht, dass ich schon von ihr erzählt habe. Sie wurde 1771 als Rahel Levin in Berlin geboren (eine erstaunliche Ähnlichkeit – Levin wie mein Mann, und Rahel ist einer meiner Lieblingsnamen). Sie war eine Schriftstellerin jüdischer Abstammung, die zwei Literatursalons führte, einen wichtigen Beitrag zur europäischen Aufklärung leistete und vor allem für die Emanzipation von Juden und Frauen eintrat. Ich erfuhr ziemlich zu Anfang meines Weges hier in Berlin von ihr. Und jetzt habe ich das Gefühl, dass sie mir warme Luft aus der Vergangenheit in die Segel bläst, hinein in die Zukunft.

Deine Yael

Tel Aviv, 5.4.2019

Liebe Yael,
ich bin gerade aus Berlin zurückgekommen. Leider haben wir uns nicht gesehen. Du hast deinen Salon eingerichtet, ich habe eine Geschichte recherchiert, war für einen Tag in München, habe Freunde, Familie, Kollegen getroffen.

Eigentlich war alles wie immer, und doch war mir Berlin noch nie so fremd wie in diesen Tagen gewesen. Nicht unangenehm fremd, es war eher so, dass ich Dinge gesehen habe, die mir sonst nicht auffallen: wie schön es ist, wenn die Natur um diese Jahreszeit langsam wieder zum Leben erwacht zum Beispiel, wie kalt die Nächte noch sind und wie warm die Tage, wie groß und mächtig Berlin gegenüber Tel Aviv wirkt, wie gut der öffentliche Nahverkehr funktioniert (trotz Streik und Baustellen), wie sicher man sich in der Stadt fühlt, wie schnell man im Umland ist, wie lange man in Brandenburger Wäldern spazieren gehen kann, ohne einem einzigen Menschen zu begegnen.

Was für eine Lebensqualität! Ich glaube, wenn ich Israelin wäre, würde ich auch nach Berlin ziehen oder hier zumindest ab und zu auf Shopping-Tour gehen. Ich weiß, in Berlin klagen gerade alle darüber, wie teuer die Stadt geworden ist, aber im Vergleich zu Tel Aviv, der zehntteuersten Stadt der Welt, ist Berlin ein Schnäppchen.

Ein Friseurbesuch kostet gerade mal die Hälfte, genauso wie ein Restaurantbesuch, ein Brot, ein Auto, ein Stück Käse, Zahnpasta, Kaffee und – nun ja – Katzenstreu. 70 Schekel, umgerechnet fast 20 Euro, habe ich neulich im Tierladen für eine Packung bezahlt. Ich dachte, der Verkäufer habe sich versprochen, und legte einen 20-Schekel-Schein auf den Tresen. Er wiederholte: 70. Seitdem denke ich darüber nach, wie unser Osterbesuch reagiert, wenn wir auf die Frage, was wir aus Berlin brauchen, antworten: Schokolade, Elmex, Katzenstreu.

Zu den Höhepunkten meiner Berlin-Reise zählte mein Rossmann-Besuch. Staunend lief ich zwischen Kosmetik-, Waschmittel- und Kleintierzubehörregalen hin und her und überlegte ernsthaft, was davon in meinen Koffer passte. Was war los mit mir? Warum fand ich auf einmal alles so toll in Berlin?

Vielleicht lag es daran, dass ich im Hotel geschlafen habe. Ein Hotelgast bewegt sich anders durch die Stadt, wie ein Gast eben, und wird auch so wahrgenommen. Der Taxifahrer, der mich zum Hotel brachte, erklärte mir so ausführlich die Entwicklung auf dem Immobilienmarkt, als wolle er mir eine Wohnung verkaufen. Als er hörte, dass ich aus Israel angereist war, erkundigte er sich, ob ich Jüdin sei. »Nein«, sagte ich. »Gut«, sagte er. Juden würde er hier nämlich zur Vorsicht raten. Die Sprüche, die er so zu hören bekomme! Schlimm! Unglaublich! Und er sei nicht mal Jude, sondern Berliner mit türkischen Wurzeln.

Seine Sorge überraschte mich mehr als seine Beobachtung an sich. Dass es Antisemitismus in Berlin gibt, ist ja nicht neu, aber dass ein Taxifahrer es wahrnimmt und als Problem ansieht, das hatte ich noch nie erlebt. Natürlich fragte ich mich auch, ob der Mann seine Erfahrungen genauso unverblümt mit mir geteilt hätte, wenn ich wirklich Jüdin wäre, und wie ich dann reagiert hätte. Was sagt man in so einer Situation, Yael? Was hättest du gesagt?

Das Taxi setzte mich in der Schönhauser Allee vor meinem Hotel ab. Alex hatte es mir mit den Worten empfohlen, das Frühstück sei fantastisch und er habe dort gut geschlafen. Leider hatte ich nicht daran gedacht, dass Alex überall gut schläft. Ich machte kaum ein Auge zu. Es lag nicht an dem Hotel. Es lag an mir. Statt froh zu sein, für ein paar Tage den Raketen aus Gaza entkommen zu sein, sehnte ich mich nach meinem Bett in Tel Aviv.

Als ich meinen Rollkoffer über den Hof zog, dachte ich daran, wie das die Nachbarn störte. Trat ich auf die Straße, fuhr die Straßenbahn mit dieser absurd fröhlichen Israel-Werbung an mir vorbei: »Tel Aviv – Jerusalem, zwei sonnige Städte. Buche jetzt deine Reise!« Manchmal kam es mir so vor, als wolle mir meine Heimatstadt meine ganze Zerrissenheit vor Augen führen. Tel Aviv oder Berlin. Du musst dich entscheiden!
Am Ende war ich froh, meine Sachen zu packen, zurück zum Flughafen zu fahren und meinen Koffer aufs Gepäckband zu hieven. Er war sehr schwer.

Deine Anja

Berlin, 13.4.2019

Liebe Anja,
ich fürchte, der Taxifahrer, der dich zum Hotel gefahren hat, hatte recht. Wäre ich vor zwei Wochen mit ihm gefahren, hätte ich ihm gesagt, ich wüsste, was er meinte, es gebe Antisemitismus, aber nicht in einem Ausmaß, das mich davon abhalten würde, hier zu wohnen. Aber gerade diese Woche habe ich eine Geschichte aus erster Hand gehört, die meine Sicherheit erschüttert und mich befürchten lässt, dein Taxifahrer könnte etwas erkannt haben, was ich zu ignorieren versuche.

Wir hatten zum letzten Sabbat-Abendessen Freunde eingeladen, alle Israelis. Als wir gegen Ende des Abends satt und weinselig im Wohnzimmer saßen, berichtete Michael (ein guter Freund), was er in seinem Wohnhaus in Pankow, wo er mit Frau und Sohn wohnt, erlebt hat.

Letzte Woche, erzählte Michael, habe er morgens beim Verlassen des Hauses ein Hakenkreuz an der Haustür gesehen. Im ersten Moment sei er nicht wirklich geschockt gewesen, habe es für einen dummen Jungenstreich gehalten und gemeint, einer der deutschen Mitbewohner werde die Schmiererei beseitigen. Fünf Tage vergingen, und keiner rührte einen Finger oder sprach ihn darauf an, wenn man sich im Haus begegnete. Michael hatte gedacht, wenn er ein Deutscher wäre und entdeckt hätte, dass jemand ein Hakenkreuz auf sein Haus gesprayt hatte, hätte er es sofort beschämt entfernt. Aber nichts geschah. Nach fünf Tagen schrieb Michael einen scharfen Brief an die Hausverwaltung, in dem er die Situation schilderte und auch die Geschichte seiner Familie erwähnte, die größtenteils im Holocaust ermordet wurde. Am nächsten Tag war das Hakenkreuz weg.

Der beängstigende Teil der Geschichte kam jedoch noch: Keine 24 Stunden später prangte die Schmiererei erneut an der Tür. Das war selbst für den sonst so bedächtigen Michael zu viel. Er will jetzt umziehen, in einen anderen Stadtteil, nach Kreuzberg oder Mitte, wo Menschen aus aller Welt, nicht nur Deutsche, wohnen und Englisch sprechen, wann und wie es ihnen beliebt. Er sagte, er habe genug von dem Bemühen, sich in ein deutsches Wohnviertel einzufügen und sich ständig fremd zu fühlen. Ich hätte sicher genauso gehandelt.

Als alle gegangen waren, dachte ich an das Gefühl, das Michael geschildert hatte, dass wir uns für unser Hiersein entschuldigen müssen, darauf bedacht, ja nicht anzuecken, nicht zu laut zu sein, nicht so anders, keine Fremdsprache zu sprechen, uns anzupassen und nicht zu stören. Ich kenne dieses Gefühl, ich verdränge es meist, aber jetzt fragte ich mich: Warum sind wir so vorsichtig? Wir leben hier, ganz legal (Michael hat, wie Aharon, einen deutschen Pass), unsere Großeltern wurden hier ermordet oder in alle Welt vertrieben und ihres Eigentums beraubt, sodass wir gezwungen waren, in einer von Meer und Feindstaaten umgebenen Wüstenei einen eigenen Staat zu gründen. Und dann sollen wir uns noch entschuldigen? Bemühen? Genügt es nicht, freundlich zu den anderen zu sein, so wie wir sind?

Und im selben Atemzug: Gerade wurde in Israel gewählt. Leider konnte ich nicht hinfliegen, aber ich hatte so sehr auf ein Wunder gehofft, dass der Linksblock gestärkt hervorgeht, Bibi endlich von seinem morschen Thron abtritt und ein Licht am Ende des Tunnels aufschimmert, damit wir Lust auf eine Heimkehr nach Israel bekommen. Aber jetzt sind die Ergebnisse bekannt. Aharon und ich haben uns nur angesehen, enttäuscht und desillusioniert.

Deine Yael

Tel Aviv, 20.4.2019

Liebe Yael,
als ich deinen letzten Brief las, musste ich daran denken, dass auf viele Schultische, an denen ich als Kind saß, ein Hakenkreuz geritzt war. Meist war die Farbe weggewischt, und man konnte den Versuch erkennen, daraus etwas anderes zu machen, Vierecke oder Sterne, was es nicht besser machte.

Hakenkreuze zu malen war strengstens verboten, und ich glaube, genau darin bestand der Reiz. Etwas Unerlaubtes zu machen, sich aufzulehnen gegen Regeln, gegen Lehrer, gegen den Staat. Warum es verboten war, lernten wir auch. Allerdings war unser Wissen über das Dritte Reich auf Heldengeschichten, Zahlen und Fakten, einen Besuch in einem ehemaligen KZ und die Gewissheit begrenzt, dass der Faschismus nun, im Sozialismus, besiegt war und dass alles damit automatisch der Vergangenheit angehörte.

Heute weiß ich, dass man sich hinter Verboten und Erinnerungsritualen auch verstecken kann. Es ist einfacher, betroffen zu sein als neugierig, ängstlich statt offensiv. Manchmal denke ich, mit all den Gedenkminuten trösteten wir uns eher selbst und schluckten die Fragen an unsere Großeltern herunter.

Liebe Yael, ich will hier keine Osterpredigt halten, aber ich kann deinen Brief nicht einfach so zur Seite legen. Berlin verändert sich rasend schnell, immer mehr Menschen ziehen hierher, alles wird teurer, jeder kämpft gegen jeden, und ich habe das Gefühl, der eigentliche Geschichtstest steht uns noch bevor: sich gegenseitig auszuhalten.

Am Mittwoch war ich zu Besuch bei Naomi und Yehuda, einer strenggläubigen charedischen Familie, in Jerusalem. Sie haben zwölf Kinder, das jüngste ist acht, das älteste 28. Einer der Söhne lehnte an der Wand. Das sei ihr 18-Jähriger, sagte Yehuda, er heirate in zwei Wochen. Der 18-Jährige sah aus wie 13 und wurde knallrot. Ich hätte ihn am liebsten zur Seite genommen und ihm gesagt, dass er viel zu jung ist, dass er das nicht machen muss, dass es Möglichkeiten gibt, auszusteigen.

Auch Naomi, seiner Mutter, hätte ich gerne ein paar Tipps gegeben. Sie war damit beschäftigt, die Küche mit Alu- und Plastikfolie abzukleben, weil zu Pessach, dem hohen Fest des Judentums, alles koscher sein muss. Sie wollte zeigen, wie gut sie vorbereitet war, und ich, die deutsche Atheistin, dachte nur: Kann ihr nicht mal jemand sagen, wie umweltschädlich das ist?

Der Besuch bei der Familie wurde von einer Agentur organisiert und sollte dazu dienen, Pessach zu erklären, aber auch das Image der ultraorthodoxen Juden zu verbessern. Ich bin mir nicht sicher, ob das funktioniert hat. Im Erdgeschoss der Familie bauten drei palästinensische Arbeiter aus Bethlehem einen Raum um. Um in Israel arbeiten zu können, erzählten sie, müssen sie an Mittelsmänner 2000 Schekel pro Monat bezahlen. 180 Schekel verdienen sie aber nur am Tag. Eine Ungerechtigkeit, über die sie sich bei einer deutschen Kollegin beschwerten, die auch zur Gruppe gehörte.

Ob sie nicht etwas für sie machen könne als deutsche Journalistin? Es klang wie Aufforderung und Schuldzuweisung zugleich: Ihr Deutschen habt uns mit eurem Holocaust diesen jüdischen Staat eingebrockt, der uns das Leben schwer macht, nun tut gefälligst auch etwas für uns!

Die Kollegin lief schnell der Gruppe hinterher, die sich weiter ihren Weg durch das orthodoxe Viertel bahnte, an Männern mit Hüten und Schläfenlocken vorbei, die vor der Mikwe Schlange standen, um ihr Geschirr vor dem Seder-Abendmahl in heiliges Wasser zu tauchen. Ich stellte mir ein festliches Ritual vor. Aber die Mikwe war ein fensterloser Raum mit zwei Wasserkesseln in der Mitte, sie erinnerte mich eher an die alte Werkstatt meines Schwiegervaters in Brandenburg und die Männer mit ihren Tellern und Schüsseln in Plastiksäcken an Obdachlose in einer Armenküche. Ich versuchte mir vorzustellen, ob es so ein Viertel auch in Berlin geben könnte, ob die Stadt so viele Gegensätze aushalten könnte.

Es war kurz vor Pessach oder Ostern, je nachdem, aus welcher Welt man kommt. Ich fuhr zurück nach Tel Aviv und hatte das Gefühl, dass meine Welt gerade wieder etwas komplizierter geworden war.

Deine Anja

Berlin, 27.4.2019

Liebe Anja,
ich teile dein Gefühl, dass die Welt immer komplizierter wird, je mehr Seiten man an ihr entdeckt. Wir sind für eine Woche nach Israel gekommen, um mit der Familie Pessach zu feiern. Gestern fuhr ich die Küstenstraße entlang, auf dem Rückweg von meinem Schwager, der in einem Kibbuz im Norden wohnt.

Diesen Winter hat es in Israel relativ viel geregnet, sogar in den letzten Tagen sind ein paar Schauer runtergegangen. Deshalb ist alles grün ringsum. Nach der Stadt Chadera kam das tiefblaue Meer in Sicht, und ich hatte noch einige Kilometer vor mir, ehe ich in den irren Stau von Tel Aviv geriet. Ich schaltete das Radio ein und erkannte sofort eins meiner Lieblingslieder des Sängers Shalom Hanoch.
»Jeder Ort, den ich passiere, / könnte mein Haus sein. / Dort könnte ich leben, mich verschanzen, / könnte meinen Tod finden. / An der Landstraße saß ich häufig, / wartete auf ein Rettungsteam. / Bald komm ich heim, / du wirst mich doch nicht draußen lassen ...« Ich sang mit, und nach dem zweiten Refrain geriet ich (wieder) in diesen Strudel, dem ich nie ausweichen kann, wenn wir zu Besuch in Israel sind.
Ich dachte an die Kinder, was sie hier verpassen, was sie in Berlin hinzugewinnen, an Zugehörigkeit, Unzugehörigkeit, Lebensqualität, Vergangenheit, Zukunft, Gegenwart. Und wie immer fielen die Antworten nicht

eindeutig aus. Bei der Einfahrt nach Tel Aviv versuchte ich mich an dem Gedanken aufzurichten, es sei am besten, in möglichst vielen Welten gleichzeitig zu sein. Darum gehe es eigentlich. Das sei der Bonus, den ich meinen Kindern und mir mit unserem Leben außerhalb Israels schenke.

Es ist gut zu erkennen, dass die Welt weit ist und die Wahrheit viele Gesichter hat, am eigenen Leib zu erfahren, dass es viele Möglichkeiten gibt, dass nichts eindimensional ist. Und dabei muss man lernen, überall das Gute zu genießen und das Schlechte möglichst zu meiden – oder den jeweiligen Ort sogar zu einem etwas besseren zu machen. Ehrlich gesagt, weiß ich jedoch nicht, ob ich fähig bin, die schlechten Dinge hier oder sonst wo zu beeinflussen.

Du merkst sicher, dass ich in einer verwirrenden Phase stecke. Der Kultursalon, den ich in Berlin aufbaue, wird in zwei Wochen eröffnen. Nächsten Monat nehme ich ein neues Album auf Englisch für ein Berliner Label auf. Es wird wohl kaum überraschen, dass ich gerade jetzt, wo ich Wurzeln schlage, kalte Füße bekomme. Ich schreibe dir auf dem Balkon meines Elternhauses und sehe die Kinder im Garten meiner Kindheit schaukeln und lachen. Wenn ich ihnen so zuschaue, vergesse ich für einen Moment die korrupten Politiker, die Besatzung, die hohen Lebenshaltungskosten und sonstige Probleme und erinnere mich an die schöne Kindheit, die ich hier in diesem Garten erlebte, mit den Nachbarskindern, mit den Großeltern, die nebenan wohnten. Ich denke daran, wie wir Nüsse aufgelesen oder Räuber und Gendarm gespielt haben.

Ich weiß nicht, wieso, aber auch meine Kinder fühlen sich hier zu Hause, und das, obwohl sie nun bald schon länger in Berlin leben als in Israel. Übrigens muss ich gestehen, dass ich gerade ganz versessen auf eine Fernsehserie bin. Sonst gucke ich so was kaum und gewiss nicht in turbulenten Zeiten wie jetzt, aber irgendwie finde ich doch die Muße, mir noch eine Folge und noch eine anzuschauen.

Die Serie heißt »Outlander«, und ihre Heldin wandert zwischen den 1940er-Jahren und dem England/Schottland 200 Jahre früher. Ich weiß, es klingt abgedroschen, aber ich identifiziere mich mit der Seelenlage der Heldin, dort zu sein, wo ihre Vorfahren zu anderen Zeiten und unter gänzlich anderen Umständen lebten, zwischen diesen Welten zu pendeln, mehreren Dingen gleichzeitig treu sein zu wollen. Als Kind hatte ich manchmal das Gefühl, nicht in »meiner Zeit« zu leben, eigentlich in einer anderen sein zu müssen. Ich hatte dieses Gefühl ganz vergessen, jetzt ist es mir plötzlich wieder eingefallen.

Deine Yael

Tel Aviv, 4.5.2019

Liebe Yael,
der Winter in Tel Aviv war lang und feucht, genau wie du schreibst. Sogar Ostern hat es noch einmal geregnet. Umso spektakulärer ist der Frühling in diesem Jahr. Überall duftet es nach Orangenblüten, von Balkonen fallen die rosa Zweige des Bougainvillea-Strauches, neben meiner Hebräisch-Schule sprießen stachlige Kugeln aus den Astspitzen, und bei uns in Jaffa konkurrieren schon morgens um vier die Vögel mit dem Ruf des Muezzin.

Ich komme mir vor wie im jüdisch-orientalischen Dschungel, fotografiere jeden Vogel und jede Blüte, um die Familie in Berlin an meiner Begeisterung teilhaben zu lassen. Leider gibt es nichts Undankbareres als Naturfotos. Der grüne Papagei im Mandarinenbaum unterscheidet sich kaum von einem Blatt, die spektakuläre Stachelblüte erinnert eher an eine Küchenbürste, und der kleine Vogel mit dem blauen Gefieder könnte auch ein Spatz sein, so im Gegenlicht.

Die Reaktionen sind verhalten. »Ist der Papagei irgendwo entflogen?«, erkundigt sich meine Schwester. »Hast du jetzt einen Vogel?«, fragt mein Kollege. Wahrscheinlich denken sie, ich verliere langsam den Verstand. Im letzten Jahr habe ich Fotos von den Freitagsprotesten im Gazastreifen verschickt und jetzt nur noch Schnappschüsse von Fauna und Flora.

Auch ich frage mich, was mit mir los ist, warum ich auf einmal Sachen sehe, die im letzten Jahr ja auch schon da waren. Vielleicht musste ich nach meiner Ankunft erst einmal all das Neue, Extreme verarbeiten, um die anderen, feinen Dinge zu sehen. Oder man hält die Anspannung im Land einfach besser aus, wenn man hin und wieder einen Löffel Hasch-Honig isst (wie unser Gemüsehändler), zum Buddhismus übertritt (wie unsere Hebräisch-Lehrerin) oder zur Hobby-Ornithologin wird (wie ich).

Neulich habe ich auf unserem Hof ein Nest entdeckt. Es hängt an einem Faden im Strauch direkt hinter der Tür zur Straße und ist so zart, dass ich dachte, es hätten sich einfach nur ein paar Schnipsel in den Ästen verfangen. Eines Tages aber schaute ein Köpfchen aus den Schnipseln heraus. Es war der kleine Vogel mit dem spitzen Schnabel, der immer vor meinem Lavendeltopf flattert. Das Weibchen braun, das Männchen leuchtend blau. Wunderschön!

Im Internet las ich, dass es sich um den Jericho-Nektarvogel handelt. Auf Hebräisch heißt er Tzufit, auf Arabisch Asfour Shams il-Falestin und auf Englisch Palestine Sunbird, Palästinensischer Sonnenvogel. Ich klickte mich durch Websites und Artikel. Die Geschichte meines Vogels wurde immer länger, komplizierter und – ja – politischer. Er kann in drei verschiedenen Dialekten singen, lebte früher vor allem in der Negev-Wüste und am Toten Meer, aber seit der Besiedlung des Landes durch die zionistischen Pioniere auch in vielen anderen Teilen, sogar in Städten. Für die Israelis ist er Teil ihrer Erfolgsgeschichte und sollte vor ein paar Jahren sogar zum Nationalvogel gekürt werden.

Deutschland hat den Steinadler, Frankreich den Hahn, Israel wollte den Sonnenvogel. Das Einzige, was störte, war das »palästinensisch« im englischen Namen. Es gab eine Umbenennungsinitiative, und natürlich gab es auch

Proteste der Palästinenser und der BDS-Bewegung dagegen. Das übliche Spiel. Am Ende machte der Wiedehopf das Rennen, ein Vogel mit langen Beinen, buntem Gefieder und einer imposanten Krone. Schön, stolz und frech. Wie Israel. Der kleine Sonnenvogel wurde zum Staatssymbol Palästinas – und nistet jetzt in unserem Hof. Auf israelischem Staatsgebiet, in einem arabischen Viertel, bei einer deutschen Familie.

Die einzige Sorge ist unser Kater, der leider kein Verständnis für so viel Symbolik besitzt.

Deine Anja

Berlin, 11.5.2019

Liebe Anja,
wann immer ich mich hinsetze, um dir zu schreiben, muss ich eine Pause in meinem turbulenten Leben einlegen. Das fällt mir nicht leicht. Ich brauche Zeit zum Entschleunigen. Briefeschreiben erfordert ein anderes Tempo. Wahrscheinlich liebe ich unsere Korrespondenz deshalb so sehr. Sie zwingt mich, innezuhalten, in mich zu blicken, mir eine Meinung zu bilden, meine Situation in Worte zu fassen.

Was also gibt es Neues aus Berlin seit unserem letzten Brief? Ungewöhnliche Kälte für den Monat Mai, Regen, nur manchmal Sonne, die daran erinnert, dass schon Frühling ist. Außerdem wurden die Fenster des Hauses in Friedrichshain eingeschlagen, in dem ich die neuen Räume für meinen Kultursalon gemietet habe. Alle Scheiben im Erdgeschoss sind kaputt, zum Glück nicht nur die von Framed, sonst hätte ich es persönlich genommen. Sie sind offenbar mit einem Hammer zerschlagen worden, nicht ganz zersplittert, aber stark gesprungen. Wer das getan hat, weiß niemand. Ich gehe von Vandalismus aus, aus Protest gegen Gentrifizierung. Anwohner haben mir erzählt, dass dieses Thema in Friedrichshain besonders heikel ist. Anscheinend hat das frisch renovierte Gebäude jemanden wütend gemacht.

Ich habe mir fest vorgenommen, mir dadurch nicht den Wind aus den Segeln nehmen zu lassen, und hoffe, wenn ich den Salon offiziell eröffne, wird jeder merken, dass Framed etwas Positives ist, ein Beitrag für die Gesellschaft, für das Viertel und seine Bewohner. Vielleicht besänftigt das die Wut des Täters, vielleicht begreift er, dass nicht alles schwarz-weiß ist.

Unterdessen hat der Holocaustgedenktag in Israel meinen Facebook-Newsfeed mit herzzerreißenden Geschichten von unzähligen Freunden gefüllt. Besonders berührt hat mich ein Post von Daniel, der erzählte, er fahre an diesem Tag stets zu seinem 106 Jahre alten Großvater und seiner 102 Jahre alten Großmutter, die gemeinsam in einem Kibbuz im Norden leben. Der Großvater hat Frau, Tochter, Schwester und Eltern im Holocaust verloren. Er selbst überlebte, kam nach Israel, heiratete in zweiter Ehe Daniels Großmutter, und die beiden bekamen drei Kinder.

Daniel schrieb, obwohl der Holocaustgedenktag der Erinnerung gewidmet sei, gehe sein Großvater nicht zu den offiziellen Gedenkveranstaltungen, sondern wolle lieber vergessen, wolle nicht erinnert werden. Daniel fährt jedes Jahr zu ihm, um gemeinsam mit ihm zu vergessen.

Kurz danach gingen 700 Raketen auf den Süden des Landes nieder. Mein großer Bruder, seine Frau und seine beiden Kinder wohnen in Sde Zvi im nördlichen Negev. Mein Bruder zog mit den Kindern für ein paar Tage zu meinen Eltern, während meine Schwägerin als Sozialarbeiterin für die Familien in der Gegend erreichbar bleiben musste. Als ich sie eines Abends anrief, um zu fragen, wie es ihr geht, erzählte sie mir, sie habe daheim eine Art Keksfabrik eröffnet und plane, die ganze Nacht über zu backen, um ihre Familien am nächsten Tag mit Keksen versorgen zu können.

Und dann kam der Gedenktag für die gefallenen israelischen Soldaten. Jedes Jahr besteht meine Großmutter darauf, das Grab ihres Sohnes zu besuchen und zur öffentlichen Gedenkfeier zu gehen, dabei ist sie viel zu alt, um so lange unter Menschenmassen in der Hitze zu stehen. Zum Glück hat meine Mutter ihr diesmal die Zustimmung abgerungen, dass meine Geschwister am Grab stehen würden, während sie mit ihr zu einer kleineren Gedenkfeier im Dorf ging.

Zu guter Letzt – der Unabhängigkeitstag Israels. Musik, Flaggen, Grillrauch. Ich hatte das Gefühl, es bis nach Prenzlauer Berg hören und riechen zu können – und verstehe sehr gut, dass du dich manchmal lieber mit dem kleinen Vogel, dem Honigsauger, vor deiner Haustür beschäftigst.

Deine Yael

Tel Aviv, 18.05.2019

Liebe Yael,
vor vier Jahren habe ich in einem Kibbuz an der Grenze zu Gaza einen Dokumentarfilm über einen Raketenangriff gesehen. Den Film hatte eine Mutter aus dem Kibbuz während des letzten Gaza-Krieges gedreht. Man hört die Sirenen heulen, sieht, wie alle in die Luftschutzbunker rennen und sie, die Mutter, versucht, ihre Tochter zu erreichen, die gerade mit dem Bus auf einem Schulausflug ist. Dann erhält sie die Nachricht, dass ein Bus von einer Rakete getroffen wurde. Sie fährt los, sucht ihre Tochter, immer die Kamera dabei.

Ich war damals mit einer deutschen Delegation zu Besuch in dem Kibbuz, ich fand den Film schrecklich, schrecklich verstörend, aber auch schrecklich präsentiert. Die Tochter, vielleicht acht, neun Jahre alt, saß bei der Vorführung neben ihren Eltern und musste alles noch einmal erleben. Ich fragte mich, wie sie so etwas zulassen können, was das mit dem ohnehin traumatisierten Kind macht, warum die Frau das Leid ihrer Familie so zur Schau stellt.

Dann, vor anderthalb Wochen stand ich selbst in einem Luftschutzbunker. Der Bunker war die Speisekammer eines Hauses in Aschkelon, in dem vor wenigen Stunden ein Mann bei einem Raketenangriff ums Leben gekommen war. Ich war hier, um eine Reportage zu recherchieren, die Sirenen platzten mitten in ein Interview. Es gab Explosionen, die Erde bebte.

Kaum war der eine Angriff vorbei, ging es wieder los –

wieder Sirenen, wieder Raketen. Ich rannte zurück in die Speisekammer, ich rannte um mein Leben, und irgendwann in diesen Minuten dachte ich an die Familie im Kibbuz. Erst hier, erst jetzt, verstand ich ihren Wunsch, der Welt zu zeigen, wie es ist, wenn nichts mehr sicher ist.

Als Itay, unser Nachbar, von meinen Erlebnissen in Aschkelon erfuhr, lud er mich sofort auf einen Drink ein. Die erste Hälfte des Abends sprachen wir über Ängste und Therapien, die zweite über Netanjahus Versuche, Palästinenser aus dem Westjordanland nicht zur gemeinsamen Gedenkfeier zum Tag der gefallenen Soldaten über die Grenze zu lassen. Ich glaube, er wollte mir den Kopf zurechtrücken. Raketenangriffe sind beängstigend, aber die rechten Parteien hier spielen mit dieser Angst und nutzen sie für ihre Besatzungspolitik. Auch Einat, eine Freundin, die ich später traf, winkte nur ab und sagte: »Ach, ihr Europäer, seid immer gleich so aufgeregt, wenn mal ein paar Raketen fliegen.«

So ähnlich hätte es auch deine Mutter sagen können. Oder Aharons Mutter. Oder andere, die Angehörige im Krieg verloren haben, ständig damit rechnen müssen, dass es wieder losgeht, und trotzdem nicht rechts wählen, kein härteres Durchgreifen fordern, sondern sich für die Demokratie in ihrem Land und die Rechte der Palästinenser einsetzen. Es sind nicht viele, aber sie sind da, sie kämpfen, gerade hier, in Tel Aviv, und noch nie habe ich sie so dafür bewundert wie jetzt.

Vor fast genau einem Jahr waren wir mit deiner und Aharons Mutter auf dem Habima-Platz bei der Anti-Netanjahu-Demo. Wir beide waren die Jüngsten, die anderen Demonstranten waren 60, 70 Jahre alt, Grauhaarige, die mit selbst gebastelten Transparenten über den Platz liefen und kämpferische Losungen riefen. Deine Mutter, die jeden Zweiten kannte, sagte mir, viele hier seien Kinder von Holocaustüberlebenden. Ihre größte Angst sei, das Land, das sie und ihre Eltern aufgebaut haben, wieder zu verlieren und nicht zu wissen, wohin sie dann gehen sollen.

Vor ein paar Tagen habe ich diese Angst erneut gespürt. Meine Kollegin Alexandra von der Süddeutschen Zeitung hat ihr Buch über Holocaustüberlebende im Tel Aviver Goethe-Institut vorgestellt. Einige der Protagonisten waren selbst da. Zwischen Christa-Wolf- und Arnold-Zweig-Werken sprachen sie über ihre Zeit in den Konzentrationslagern und ihre Sorgen vor neuem Antisemitismus in Europa. Dabei fiel der Name von Angela Merkel. Eine Frau sagte, solange sie Bundeskanzlerin sei, mache sie sich keine Sorgen um Deutschland. Die anderen nickten.

Da fallen mir die kaputten Scheiben deines Salons in Friedrichshain ein. Ich hoffe, sie sind wieder ganz. Ich drücke dir die Daumen, dass alles gut wird. Mazel Tov, liebe Yael!

Deine Anja

Berlin, 24.5.2019

Liebe Anja,
vielen Dank für deine Glückwünsche, für mich bist du schon ganz und gar Teil dieses Projekts. Erfreulicherweise kann ich dir berichten, dass die Eröffnungsfeiern zu meinem Salon bestens liefen, trotz der Hindernisse der letzten beiden Wochen. Man fühlte sich zu Hause, die Musik war großartig, die Kunst kommt hier hervorragend zur Geltung, und vor allem kamen verschiedene Menschen aller Altersstufen, so wie auf einer der ersten Veranstaltungen bei mir im Wohnzimmer.

Am ersten Abend war ich so besorgt und aufgeregt, dass ich kaum reden konnte, aber am zweiten war ich schon ruhiger. Schade, dass du nicht dabei warst. Ich warte ungeduldig auf deinen nächsten Besuch in Berlin. Du kannst einfach zu Framed kommen, mit mir Kaffee trinken und dir anschauen, worüber ich die vergangenen Wochen geredet habe. Übrigens waren auch einige Leser unserer Briefe zur Eröffnung da. Wirklich spannend, unser Publikum kennenzulernen. Wenn ich einen Brief an dich schreibe, denke ich kaum an die Leser, sehe eigentlich nur dich, wie du mit deinem Laptop auf eurer Terrasse in Jaffa sitzt und von meinen kleinen Taten liest. Vielleicht habe ich die Leser deshalb nicht im Kopf, weil ich die Zeitung selbst nicht lese (wegen meiner mageren Deutschkenntnisse), oder es ist einfach mein »Trick«, um offen schreiben zu können.

Eine Frau war mit ihren zwei Söhnen (in den Zwanzigern, würde ich sagen) eigens aus Kiel angereist, vier

Stunden Fahrtzeit. Sie erzählte, einer ihrer Söhne sei adoptiert, stamme aus dem Irak, und daher verständen und teilten sie die Gefühle von Fremde und Migration, über die wir recht oft schrieben. Sie sagte, die Idee hinter Framed gefiele ihr und sie wollten sich den Salon ansehen, teilnehmen und Glück wünschen. Ich kann kaum beschreiben, wie mir das Herz aufging bei der Erkenntnis, dass es Menschen gibt, die erhebliche Strapazen auf sich nehmen, um mir ihre Sympathie zu bekunden. Während der Veranstaltung hatte ich nicht genug Muße, um weiter nachzufragen, aber die Anwesenheit der drei bewegte mich zutiefst und gab mir Kraft. Es war wirklich inspirierend.

Ein älteres Leserpaar erklärte mir, sie hätten noch nie einen jüdischen Menschen getroffen, könnten sich sonst nicht aus erster Quelle über Israel und Judentum informieren und interessierten sich daher sehr für unseren Briefwechsel. Zum ersten Mal begriff ich, dass ich für manche Leute ein Stück weit Israel und Judentum repräsentiere. Ich hoffe, sie nehmen mich da nicht für zu allgemeingültig, denn: »Nur von mir selbst weiß ich zu erzählen, / Eng wie die Welt der Ameise ist meine Welt«, um die Dichterin Rachel zu zitieren. Jedenfalls kamen sie mit einer Fülle von Komplimenten und Glückwünschen und hatten eine Flasche Wein mitgebracht, wie zu einer privaten Einladung. Ich freute mich sehr, sie zu Gast zu haben und kennenzulernen.

Obwohl ich keine Ahnung habe, wie ich die Miete für die Räume aufbringen soll und ob ich Gelder für die Kulturarbeit im Salon lockermachen kann, habe ich das seltsame Gefühl, dass alles klappen wird. Früher hätte ich mir ja auch nicht träumen lassen, dass ich einmal eine wöchentliche Kolumne in einer Berliner Zeitung, auf Deutsch, veröffentlichen würde – und dann hat eine einzige Begegnung meinem Leben eine tolle Wendung gegeben.

Nun habe ich so viel geschrieben und noch nicht mal erzählt, dass der Frühling eingezogen ist. Schon seit Tagen rieselt weißer Blütenschnee auf die Stadt nieder, die Eiscafés haben wieder aufgemacht, die Stadt verwandelt sich erneut. Als ich heute von der Arbeit heimkam, bepflanzten Aharon und die Kinder neue Blumenkästen auf dem Balkon, und jetzt sitze ich dort und schreibe inmitten einer Fülle bunter Blumen. Kurz gesagt, du hast einen guten Tag bei mir erwischt. Ich hoffe, deiner war auch schön.

Deine Yael

Tel Aviv, 31.5.2019

Liebe Yael,
was ich dir heute schreibe, ist ein wenig heikel. Ich habe gezögert, es ist mir unangenehm. Es passiert so viel in unseren Ländern, in Israel hat sich das Parlament aufgelöst, in Deutschland gehen Menschen mit Kippa auf die Straße, um gegen Antisemitismus zu demonstrieren. Und mich, nun ja, beschäftigt in Wahrheit etwas ganz anderes.

Vor ein paar Tagen saß ich am Schreibtisch, als ich ein leises Piepen hörte. Ich drehte mich um und sah unseren Kater ins Wohnzimmer stolzieren, Jimmy Kater. Er hatte etwas zwischen den Zähnen, etwas Blaues. Es war der kleine Sonnenvogel, das Nationalsymbol der Palästinenser. Ich sprang auf, rannte dem Kater hinterher, flehte ihn an, den Vogel loszulassen, erreichte damit aber ungefähr so viel wie UN-Botschafter bei Nahost-Friedensverhandlungen.

Jimmy Kater dachte gar nicht daran, seine Beute rauszurücken. Er kommt aus Reinickendorf und ist eher schüchtern. Im Flugzeug hat er vor Angst gezittert, nach seiner Ankunft in Jaffa saß er tagelang unterm Bett, bevor er sich raus zu den anderen Katzen traute. Wenn die hübsche Weiße mit dem blauen Halsband über die Mauer kommt, versteinert er vor Bewunderung, statt sein Revier zu verteidigen. Er jagt gerne Fliegen. Sein größter Fang war eine Kakerlake.

Er legte sie vors Bett und sah interessiert zu, wie sie hilflos auf dem Rücken lag. Wenn der kleine blaue Vogel vor seiner Nase herumflatterte, um sein Nest zu verteidigen, zog er sich genervt ins Haus zurück. Im Schlaf klappert er manchmal mit den Zähnen. Ich glaube, der Sonnenvogel nahm den trägen deutschen Kater nicht mehr ernst, und dann: Schnapp, war es geschehen. Ein Zufallstreffer. Das machte es nicht besser. Der Kater versteckte sich hinterm Sofa, der Vogel sagte keinen Piep mehr. Ich rief Alex, Alex kam nicht. Er hatte Kopfhörer auf und verstand den Ernst der Lage erst, als er von seinem Schreibtisch aus sah, wie ich mit dem Wasserschlauch hinter dem Kater herrannte. Barfuß.

Der Kater floh. Ich rutschte auf den Holzdielen aus, fiel auf den Rücken und lag auf dem Hof wie die Kakerlake vor dem Bett. Ich sah gerade noch Jimmys Schatten über die Mauer huschen, den Palästinenser im Maul. Mir schossen Tränen in die Augen, ich wusste nicht, was schlimmer war, meine Schmerzen oder meine Selbstvorwürfe, nicht aufgepasst zu haben. Es gibt so viele Probleme hier, und ich war nicht mal in der Lage, einen Vogel zu beschützen.

Jimmy Kater kam erst Stunden später wieder ins Haus zurück, die Nase dreckig, an seinem Bart hing etwas Schwarzes. Ich würdigte ihn keines Blickes. Er bekam Stubenarrest. Das Sonnenvogel-Weibchen kreiste allein über den Hof. Kurz vor Sonnenuntergang tauchte ein blauer Vogel auf, ein anderes Männchen wahrscheinlich. Vögel unterstützen sich im Unglück, nahm ich an. Alex fand, ich sei zu hart zu Jimmy. Was der Kater denn für seine Jagd-Instinkte könne. Solidarität unter Männern, dachte ich, und zweifelte daran, ob er meine Hilferufe wirklich nicht gehört hatte.

Am nächsten Morgen war das Männchen vom Vortag wieder da, der Vaterersatz. Ich betrachtete es genauer – das zersauste Gefieder, den spitzen Schnabel –, und dann begriff ich: Es war gar kein Ersatz. Es war unser Sonnenvogel. Jimmy muss ihn bei der Jagd verloren haben. Die Vogelfamilie lebte. Palästina war gerettet.

Es war eine wunderbare Nachricht, und das ist der Grund, warum ich es dir schreibe. Dann doch, weil es eine kleine hoffnungsvolle Geschichte ist in dem ganzen Chaos hier. Die Tierwelt des Nahen Ostens kann sehr beruhigend sein.

Vor ein paar Tagen kam ich morgens auf den Hof und sah ins Nest. Es war leer, die Jungen waren entflogen, bevor Jimmy sie bei ihren Flugübungen stören konnte. Er darf jetzt wieder raus. Ich habe ihm verziehen.

Deine Anja

Berlin, 7.6.2019

Liebe Anja,
auch ich habe diesmal eine Geschichte, die übel anfing und mit einem filmreifen Happy End endete.

Ich hatte die ganze Woche über wie verrückt gearbeitet, war noch lange nicht mit allen Aufgaben fertig und wollte deshalb eigentlich nicht weg. Aber Freunde hatten für uns alle ein Ferienhaus in Brandenburg gebucht, und so brachen wir zu einem langen Urlaubswochenende auf.

Die Sonne strahlte, die Landschaft wurde von Minute zu Minute schöner. Ich saß am Steuer, meine drei Mannsbilder schliefen nacheinander ein, und ich geriet nun doch in Urlaubsstimmung, freute mich darauf, mal Pause zu machen. Nach zwei Stunden Fahrt gelangten wir in einen kleinen Ort.

Mitten auf der einzigen Dorfstraße sagte mir die Dame vom Navi, ich hätte mein Ziel erreicht. Der an der Hauswand hängende Ochsenschädel verhieß nichts Gutes. Wir stiegen mit unserem Gepäck aus und hatten augenblicklich das Gefühl, reingefallen zu sein. Die Unterkunft wirkte deprimierend und dreckig. Eine freundliche Dame zeigte uns das Haus, als fände sie es urgemütlich. Ein Zimmer für die Kinder, eines für Aharon und mich mit Dusche und WC und ein drittes für die Freunde, die noch unterwegs waren, ohne Bad.

Sie mussten, um zu ihrer Dusche zu gelangen, durch das Schlafzimmer der Gastgeberin gehen. Obwohl bei Airbnb etwas von einer Küche gestanden hatte, gab es nur einen defekten kleinen Kühlschrank, eine Kochplatte und einen Wasserkocher.

»Hier sollen wir vier Tage bleiben? Keine Chance!«, quengelte Benjamin. Ich sagte den Kindern, es sei doch nicht so schlimm, obwohl ich entsetzt war.

Doch dann sah ich neben der schmuddeligen Bettwäsche, den Fellteppichen und dem verstaubten Krimskrams in unserem Zimmer die Familienfotos an den Wänden, darunter schmucke deutsche Generäle in NS-Uniform, versehen mit Bleistiftvermerken – 1941, 1942 usw.

Das war dann auch für mich zu viel. Mir wurde ganz anders bei dem Gedanken, hier vier Tage verbringen zu müssen. Wir sanken auf das abgewetzte Ledersofa und begannen, auf unseren Smartphones eine alternative Bleibe zu suchen. Da es jedoch ein Feiertagswochenende war, fanden wir im ganzen Umkreis kein einziges freies Zimmer. Heimkehren ging auch nicht, weil wir selbst unsere Wohnung an eine Familie auf Berlin-Urlaub vermietet hatten.

Eine Stunde später trafen die Freunde ein (ein israelisches Paar mit sechsjährigem Sohn). Sie erfassten schnell die Situation und beteiligten sich an dem kleinen Kriegsrat, den wir, von Generälen umringt, hielten. Kurz bevor wir aufgeben und nach Berlin zurückfahren wollten (um dort in einem Hotel zu übernachten), sagte meine Freundin, sie habe eine halbe Fahrstunde von hier noch freie Zimmer in einem kleinen Hotel gefunden.

Wir nahmen unsere Sachen und türmten. Das Hotel entpuppte sich als ein Keglergasthof. Die Kegelhalle sah aus wie eine Zeitkapsel aus den Achtzigerjahren. Das Hotel war mit mintgrünem Teppichboden ausgelegt – Treppen, Flure, Zimmer, Frühstücksraum. Unser Zimmer hatte vier Einzelbetten, sauber und weiß bezogen. Das

Badezimmer war geräumig und blitzsauber. Ich atmete auf. Hier konnte ich mir vorstellen, im Bett einzuschlummern.

Am Morgen fuhren wir an den Wolzensee, einen wunderschönen See inmitten eines Zauberwalds mit einer riesigen Wiese – wenige Menschen ringsum, Ruhe und ein Lokal mit hervorragenden Speisen. Wir lagerten im Schatten einer Eiche, breiteten Decken aus, hängten eine Hängematte zwischen zwei Bäume und rührten uns nicht mehr weg bis zum Ende dieses letztlich perfekten Urlaubs.

Israel steht erneut vor Wahlen, politisch unstabil wie nie zuvor, soweit ich zurückdenken kann. In Berlin kommen Antisemitismuswarnungen auf, und das erste Mal seit unserem Umzug hierher denke ich darüber nach, ob ich meine Identität und meine Meinungen in unserem Briefwechsel weiter so frei offenlegen sollte. Ich hoffe, dass auch diesen beängstigenden Geschichten bald ein Happy End winkt.

Deine Yael

Tel Aviv, 14.6.2019

Liebe Yael,
dein Brief über euren Kurzurlaub in Brandenburg hat mich so beschäftigt, dass ich gleich zu recherchieren begann. Zum Glück hattest du die Fotowand in der Pension fotografiert, und ich konnte sie mir genauer ansehen. Auf den drei Fotos, die nebeneinanderhängen, ist derselbe junge Mann zu sehen: einmal ohne Wehrmachtsuniform, zweimal mit, vermutlich handelt es sich um einen Sohn der Familie. Auf Wikipedia erfahre ich, dass in dem kleinen Ort von den 170 Einwohnern im Zweiten Weltkrieg 44 eingezogen worden und 16 ums Leben gekommen sind.

Das Foto darunter ist ein Gruppenbild vom Mai 1943, aufgenommen anlässlich einer goldenen Hochzeit. Man sieht Frauen in hochgeschlossenen Kleidern, Männer in Anzügen, die Hüte in der Hand. Einer trägt einen Hitlerbart, eine das Mutterkreuz, ein anderer, älter schon, eine Uniform. Das Rangzeichen ist nicht zu erkennen. Der Name steht unter dem Foto, meine Blitzsuche im Internet bringt keine Ergebnisse. Dafür lese ich, dass im Nachbarort eine Synagoge stand, aus der in den 30er-Jahren Juden vertrieben wurden, die Synagoge wurde in ein Wohnhaus umgebaut, der jüdische Friedhof zerstört.

Ich fragte mich: Was wussten diese Leute davon? Wie ging es ihnen? War ihnen zum Feiern zumute? Ab 1943 wurden auch 15-Jährige zur Wehrmacht eingezogen. Die Stimmung in der Bevölkerung kippte. Es herrschte Not.

Die Fotos sind ganz offensichtlich Erinnerungen an Familienangehörige. Warum aber hängen sie an der Wand? Im Gästezimmer? Als Beweis, wie lange die Familie hier schon angesiedelt ist? Als Bekenntnis?

Der Sohn der Familie, der das Haus in Brandenburg vermietet, schreibt auf der Airbnb-Seite, dass er in der Werbung arbeitet. Er sieht nett aus. Von dir weiß ich, dass er auf eure Beschwerde hin antwortete, dass sie öfter Gäste aus Israel haben. Seine Mutter plane selbst gerade eine Reise dorthin. Das macht die Sache noch rätselhafter. Ich stelle mir vor, wie die Familie beschließt, jetzt, da die Kinder groß sind, das Haus in eine Pension umzurüsten, wie sie die Gästezimmer einrichten, die Fotos aufhängen. Hatte niemand Zweifel? Hat keiner gesagt: Vielleicht lassen wir das mal lieber? Und hat sich noch nie jemand darüber beschwert außer euch?

»Wie können Leute so geschichtsvergessen sein, so ignorant«, frage ich Alex. »Ich glaube, ignorant ist das falsche Wort«, sagt er, »sie sehen wahrscheinlich alles nur aus ihrer eigenen Perspektive und sind nicht in der Lage, sich in andere hineinzuversetzen.« Wir stehen in der Küche, essen Hummus vom Carmel-Markt, und ich denke an das Fotoalbum meiner Familie. Auch da gibt es Männer in Wehrmachtsuniform, die jung im Krieg starben. Trotzdem wäre niemand in unserer Familie auf die Idee gekommen, ihr Foto aufzuhängen, nicht mal im eigenen Wohnzimmer.

Andererseits ist das Gegenteil natürlich auch nicht besser: Fotos im Keller verstecken und heimlich anschauen, so tun, als ob das alles nichts mit der eigenen Familie zu tun hat. Je länger ich darüber nachdenke, desto unsicherer werde ich. Unser altes Familienalbum steht jetzt bei meiner Mutter. Eines Tages werde ich es erben, wird es in meinem Schrank stehen, werden meine Kinder und

Enkelkinder mich danach fragen. Was werde ich ihnen sagen?

    Ich sitze im Garten, der Muezzin singt, gleich beginnt die Pride Parade in Tel Aviv. Ich bin so weit weg, aber dein Brief beschäftigt mich. Ich glaube, ich fühle mich verantwortlich für mein Land, für meine Leute.

Deine Anja

Berlin, 23.6.2019

Liebe Anja,
danke für deinen letzten Brief. Du bist eine gute Freundin. Natürlich brauchst du dich nicht für die deutsche Geschichte verantwortlich zu fühlen, genau wie ich mich nicht für die Geschichte meines Volkes verantwortlich fühlen muss. Wir können nur für unser eigenes Handeln verantwortlich zeichnen. Ich weiß, das tust du Tag für Tag. Und auch ich bemühe mich redlich.

Diese Woche habe ich die Aufnahmen für mein neues Album abgeschlossen. Es wurde ganz altmodisch aufgenommen, hundertprozentig analog, ohne Computer. Praktisch bedeutet das, dass alle Musiker gleichzeitig im Studio sind und den Song gemeinsam einspielen, direkt aufs Band, das danach auf die Vinyl-Schallplatte gepresst wird. Im Gegensatz zu Digitalaufnahmen kann man nicht jederzeit anhalten, schneiden, redigieren und ändern. Das zwang uns zu höchster Konzentration und vollem Einsatz. Und so gehörten diese drei Aufnahmetage zu den aufregendsten und befriedigendsten Tagen meines Lebens. Jede Sekunde lebte ich einzig und allein in der Gegenwart, ohne Gedanken an die Vergangenheit, ohne Hoffnungen oder Ängste für die Zukunft – absolute Konzentration und reinste Freude am Jetzt. Ich glaube, es ist mir vorher noch nie gelungen, über so lange Zeit in einer solchen Gefühls- und Denkverfassung zu sein.

Ehrlich gesagt, hätte es auch ganz anders kommen können. Die Musiker, die ich zu meiner Begleitung engagiert hatte, sind alle Weltklasse, hatten aber noch nie zusammen gespielt, uns stand nur wenig Zeit zur Verfügung, und ich nahm erstmals ein Album auf Englisch auf – all das hätte mich unter ungeheuren Druck setzen können. Doch wunderbarerweise war ich völlig ruhig – ganz und gar und eher untypisch für mich.

Was für ein Glück, dass jedes Fünkchen Gefühl, das von den Musikern und mir ausstrahlte, aufs Band gebannt wurde und nun ewig weiterleben wird, wahrlich ein Sieg des Geistes. Jetzt muss ich nur noch geduldig auf die Herstellung der Platten warten. Es gibt nicht mehr viele Produzenten in der Stadt, die Vinyl-Schallplatten pressen, und so muss man warten, bis man an der Reihe ist, einige Monate lang. Ich habe jahrelang geduldig auf genau dieses Album gewartet, da kommt es auf ein paar Monate mehr auch nicht mehr an, finde ich.

Entschuldigung, dass ich so viele Worte darüber verliere. Erst vor knapp einer Woche haben wir die Aufnahmen beendet, und obwohl ich gleich danach die Arbeit wieder aufgenommen habe, bin ich immer noch nicht ganz von dem Höhenflug gelandet.

Der Ruf des Muezzins, der euch auf dem Balkon erreicht, wie du schriebst, schallt jetzt bis zu mir. Der Meergeruch, die Luftfeuchtigkeit – ich verspüre plötzlich Sehnsucht nach Tel Aviv, nach der schmalen Straße, dem Lärm, den Nachbarn, dem Selbstverständlichen, der Familie.

Mir ist heute eingefallen, dass ich in dem halben Jahr vor unserer Übersiedlung nach Berlin täglich früh aufgestanden bin, um die 25 Minuten von unserer Wohnung an den Strand zu gehen, kurz im Meer zu schwimmen, danach den Heimweg anzutreten und den Tag zu beginnen. Aharons Mutter wohnt in der Ruppin-Straße in Tel Aviv, nah am Meer, und sie hat mir einmal gesagt, jeder Mensch sollte mindestens einmal am Tag den Horizont erblicken.

Das ist einer der besten Ratschläge, die ich je erhalten habe. Aber hier in Berlin bekomme ich den Horizont nie zu sehen. Es geschehen andere gute Dinge, aber das nicht. Ich tröste mich mit dem Gedanken, dass das Meer und der Horizont noch da sind, auch wenn ich sie nicht sehe.

Wie geht es dir mit dem Meer, Anjusch? Gehst du viel hin? Schwimmst du gern? Oder gehst du lieber nur am Strand spazieren? Hast du überhaupt das Gefühl, dass das Meer deine Lebensweise beeinflusst? Das würde mich interessieren.

Deine Yael

Tel Aviv, 30.6.2019

Liebe Yael,
die Tage im Studio klingen wunderbar. Ich freue mich auf das Album, auf deine neuen Lieder und beneide dich ein bisschen um die besinnlichen Om-Momente bei den Aufnahmen.

Bei mir ist das mit dem Hier und Jetzt gerade ein bisschen schwierig. Ich bin genervt. Während ich dir schreibe, laufen verschiedene Handwerker durchs Haus, als würden sie hier wohnen. Sie sollen die Wasserschäden vom letzten Winter reparieren, kriegen das aber nicht hin. Die Hausverwalterin fragt, ob wir die Lüftung anlassen, die zum Trocknen eingebaut wurde. Ich nicke. Die Lüftung läuft seit vier Monaten, die Wände sind trotzdem nass. Wir schalten sie immer nur an, wenn die Verwalterin kommt. Wenn sie geht, schalten wir sie aus. Ein kleiner Akt des Aufbegehrens gegen sinnlose Energieverschwendung, eine neue Seite an mir.

In Berlin habe ich meine Nachbarn belächelt, wenn sie die Mülltonnen auf dem Hof auf vorschriftsgemäße Abfalltrennung untersucht haben. Seit ich hier lebe, verstehe ich sie. Das liegt sicher an Greta und den Warnungen vor der Klimakatastrophe, vor allem aber liegt es daran, dass das alles hier niemanden zu interessieren scheint. Für alles und jeden gibt es in Israel eine Partei: Arbeiter, Orthodoxe, Nationalreligiöse, Drusen, Zionisten, Siedler, Kiffer. Von einer grünen Partei ist mir nichts bekannt.

Die nächste Papiertonne ist einen Kilometer von unserer Wohnung entfernt. Die Leute schmeißen alles in den

Müll: Glas, Bioabfall, alte Fernseher. Der Plastikmüll regt mich am meisten auf. Wenn ich bei Abu Hassan Hummus kaufe, gehe ich mit drei Bechern (zweimal Hummus, einmal Zitronensauce) und drei Tüten (für die Zwiebeln, fürs Pita-Brot, für die Becher) nach Hause. Der absolute Verpackungswahn. Jedes Mal nehme ich mir vor, etwas zu sagen. Aber die Händler sind zu schnell für mich und mein Hebräisch. Acht Männer wirbeln in dem winzigen Laden herum, jeder packt etwas anderes ab, alle schreien durcheinander, von hinten drängeln Leute. Zum Schluss wird mir alles über den Tresen gereicht, ich bezahle und gehe nach Hause, mit gutem Hummus und schlechtem Gewissen.

Das Tütenfach in unserer Küche platzt aus allen Nähten. In dem Fach befinden sich auch meine deutschen Stoffbeutel. Ich nehme sie mit, wenn ich einkaufen gehe, und bringe sie trotzdem oft wieder leer nach Hause. Es ist wie ein Wettkampf. Schaffe ich es, meinen Beutel aus der Tasche zu ziehen, bevor mein Gemüsehändler die Einkäufe in Tüten verstaut hat?

Neulich, als ich am Strand joggen war, sah ich, wie ein Mann eine Zigarette aus der Packung holte und die Packung auf den Boden warf. Direkt vor mir. »Pick it up«, sagte ich. Der Mann sagte: »Warum, die Packung ist doch leer!«

Der Strand in Jaffa ist ein Trauerspiel am Ende eines langen Sommertages. Überall Tüten, Plastikbecher, Flaschen, Wegwerfgeschirr, Einweggrills. Als ich vor einer Woche baden war, schwamm ich in einer Brühe aus winzigen Plastikteilen. Ich hatte das Gefühl, direkt auf die Apokalypse zuzuschwimmen, und ging schnell wieder raus.

So viel zu deiner Frage, ob ich das Meer sehe. Ja, jeden Abend bestaune ich den Sonnenuntergang, und oft denke ich daran, wie mir der Wind und die Wellen fehlen werden, wenn ich wieder in Berlin bin. Aber noch öfter denke ich, dass man das Meer retten muss, bevor es zu spät ist.

Es gibt Hoffnung, ein wenig. In manchen Läden in Tel Aviv muss man für Plastiktüten bezahlen. An den Stränden von Eilat und Herzliya soll der Verkauf von Plastikprodukten verboten werden. Und bei uns um die Ecke stehen seit ein paar Wochen zwei Recyclingtonnen. Man kann sie noch nicht benutzen. Sie sind verpackt, in Folie.

Was regt dich auf, liebe Yael? Welche Partei würdest du gerne gründen?

Fragt

deine Anja

Berlin, 6.7.2019

Liebe Anja,
sollte ich jemals eine Partei gründen, dann sicher nicht in Berlin. Auch nicht in Israel. Ich würde eine Partei ohne Staat gründen, sie »Menschen« nennen und auf Beziehungen zwischen Personen aus verfeindeten Staaten ausrichten. Die Partei sollte die Vorurteile gegen Länder und Völker abbauen, die uns von Politikern und Medien eingeimpft wurden, sollte Mitgefühl fördern und das Gemeinsame hervorheben.

Wenn du mich fragst, was mich ärgert, dann ist es das: Menschen haben oft Meinungen über andere Menschen, ohne ihnen je begegnet zu sein. Von Syrern zum Beispiel wusste ich, ehe ich ihnen hier begegnete, nur, dass sie unsere Feinde waren. In der Schule in Israel habe ich gelernt, wer alles in der Vergangenheit Krieg gegen Israel geführt hat, und obwohl es niemand so direkt gesagt hat, war klar, in diese Länder darfst du nicht, mit diesen Menschen redest du nicht. Ich musste erst nach Berlin ziehen, um meine syrischen Nachbarn kennenzulernen, und nun – wenig überraschend – ist mir klar geworden, dass sie einfach nur Menschen sind, genau wie ich, und dass sie keinen Staat repräsentieren, nur leben möchten. Alle möchten leben.

Es macht mich traurig, von dem dreckigen Strand in Jaffa zu hören. Ich war lange nicht mehr dort. Wenn ich auf Heimaturlaub in Israel bin, gehe ich meist an den Strand in der Nähe meines Elternhauses, den Strand meiner Kindheit. Er liegt etwa 15 km nördlich von Tel Aviv in einem Naturschutzgebiet mit Sandsteinhügeln und Wildpflanzen. Wenn ich auf der Felsklippe anlange und das Meer erblicke, ist das immer wieder ein aufregender Moment für mich. Zum Strand runter muss man einen etwas abenteuerlichen Felsenpfad meistern, der sich durch die Winterstürme von Jahr zu Jahr verändert. Auch dort liegt manchmal Müll, aber nicht annähernd so viel, wie du es beschrieben hast.

Es wäre schlimm, wenn unser Meer sich in eine Müllkippe verwandeln würde. Was bliebe uns dann? Wohin sollten wir fliehen? Wo ist der Horizont?

Wenn ich an so etwas denke, bin ich wie gelähmt. Ich habe nicht mehr das Privileg, das ich hatte, bevor ich Mutter wurde: mich damit zu trösten, dass ich nicht mehr am Leben sein werde, wenn dieser apokalyptische Film sich in Wirklichkeit verwandeln sollte. Heute frage ich mich: Wie können wir für die Zukunft unserer Kinder sorgen? Die Eltern in meinem Umfeld rennen alle durchs Leben, rennen nach Geld, hoffen, irgendwann eine Wohnung kaufen zu können, damit sie etwas zu vererben haben. Doch wer garantiert uns, dass wir dann überhaupt noch atmen können in den Straßen der Stadt?

Mir scheint, das ist genug Pessimismus für einen Brief. Es gibt auch Gutes zu berichten: Mein Vater hat eine große Initiative gestartet: Zusammen mit Freunden versucht er, eine Menschenkette von Metula (dem Nordzipfel Israels) nach Eilat (dem Südzipfel) auf die Beine zu stellen, um die Stärke und Verbundenheit der Menschen zu demonstrieren, die sich um ihr Land sorgen. Sie wollen für ein gemeinsames Leben von säkularen und religiösen Menschen demonstrieren, ohne Zwänge, für Menschenrechte und Gleichheit für alle. Für die Kette werden 600 000 Menschen benötigt. Kurz vor den Wahlen soll es so weit sein. Unglaublich, wenn er das schafft!

Hier, in Berlin, ist das Schuljahr vorbei. David hat jetzt die zweite Klasse abgeschlossen. Er liebt seine Schule und ist ganz begierig aufs Lesen und Schreiben, verfasst Geschichten und Gedichte und träumt derzeit davon, für die Zeitung zu schreiben. Wo er diesen komischen Gedanken wohl herhat?

Benjamin hat endlich – nach unerträglich langer Wartezeit, wie er findet – den Kindergarten beendet und bereitet sich nun auf das Erstklässler-Leben vor. Zur Einschulungsfeier will fast meine gesamte Familie anreisen – meine Eltern, meine Großmutter, meine beiden Brüder und die beiden Neffen. Das freut mich natürlich sehr.

Wie geht es dir? Kommst du diesen Sommer nach Berlin?

Deine Yael

Tel Aviv, 13.7.2019

Liebe Yael,
ja, ich komme nach Berlin, ich kann es kaum erwarten. Es ist heiß und schwül in Tel Aviv, die Straßen sind wie ausgestorben. Alle scheinen schon in den Ferien zu sein, und auch für uns ist es Zeit, die Koffer zu packen.

Am Dienstag habe ich mich von Hilla, meiner Hebräisch-Lehrerin, verabschiedet, am Mittwoch von Tal, dem Tennistrainer, am Donnerstag haben wir Freunde getroffen, am Freitag Kollegen, am Sonnabend werden wir, höchstwahrscheinlich, unsere Nachbarn sehen. Die Verabredung ist vage, der Plan ändert sich stündlich. Baden am Strand, Wein am Abend oder, wenn alle Stricke reißen, vielleicht doch nur schnell ein Kaffee am Sonntagmorgen.

Wochenlang haben wir die Verabredungen vor uns hergeschoben, es war nicht so wichtig, wir waren ja da. Jetzt aber, kurz vor der Abreise, müssen wir schaffen, was wir nicht erledigt haben. Wir fahren nur in den Urlaub, aber ein bisschen fühlt es sich an wie ein Abschied für immer.

Ich weiß nicht, wie es dir geht, Yael, aber seit ich im Ausland lebe, hat sich meine Vorstellung von Urlaub geändert. Statt wie früher in den Sommerferien für zwei Wochen in die Bretagne zu fahren, in den Herbstferien für zehn Tage nach Sizilien und im Winter für eine Woche in die Alpen, steige ich Mitte Juli in Tel Aviv in eine EasyJet-Maschine nach Berlin und fliege Mitte August die gleiche Strecke zurück. Statt wie sonst Monate im Voraus Landhäuser oder Ferienklubs zu buchen, frage ich meine Freundin, ob ihre Wohnung im Prenzlauer Berg frei ist, und informiere meine Mutter, die sich um unseren Bungalow in Brandenburg kümmert, über unseren Ankunftstermin.

Natürlich könnte ich auch von Tel Aviv aus nach Frankreich oder Italien fliegen. Das Problem ist: Mich reizt es nicht. Reisen ist mir zu viel. Ich bin doch schon verreist. Tel Aviv ist immer noch ein bisschen wie Urlaub für mich und Berlin mein Zuhause, nur gerade etwas weiter weg.

Vor ein paar Tagen ist Alex für ein paar Tage nach Helsinki und St. Petersburg gefahren, er hat mich gefragt, ob ich mitkomme. »Nein, danke«, habe ich gesagt. Unsere Tochter wollte uns überreden, im September mit ihr nach New York zu fliegen. »September ist schlecht«, sagte ich, »da sind Neuwahlen in Israel«, froh, eine Ausrede zu haben. Es ist nicht so, dass ich keine Sehnsucht habe. Ich würde liebend gerne mal wieder nach New York fliegen, um alte Bekannte zu treffen. Aber ich schaffe es ja kaum, meine Bekannten hier in Tel Aviv zu sehen, von denen in Berlin ganz zu schweigen.

Es ist gar nicht so leicht, zwei Leben auf verschiedenen Kontinenten zusammenzuhalten. Heimaturlaub ist die Lösung. Keine schlechte. Wenn man Ferien zu Hause macht, muss man keine Urlaubsbekanntschaften schließen, sich nicht an Frühstücksbuffets anstellen oder über durchgelegene Betten ärgern. Man kann ins Freiluftkino gehen, im Garten mit Freunden Tischtennis spielen und in Brandenburger Seen baden. Wenn man Zeit hat. Mein letzter Sommerurlaub bestand zu weiten Teilen darin, in Brandenburg Familie und Freunde zu bewirten und in Berlin Termine abzuarbeiten: Zahnarzt, Friseur, Kosmetik, Steuererklärung, Sommerschlussverkauf. Ständig bin ich hin- und hergependelt. Am Ende war ich froh, wieder in Tel Aviv zu sein, und nahm mir vor, im nächsten Jahr alles anders zu machen, so zu tun, als sei ich gar nicht da.

Das ist leichter gesagt als getan. Was soll man Freunden sagen, die man lange nicht gesehen hat? Entschuldigung, ist gerade schlecht, ich mache Urlaub? Auch der Friseurtermin ist wichtig und der Arztbesuch. Ich war noch nicht ein einziges Mal in Israel beim Arzt. Das Klima ist gut für die Gesundheit, und Vorsorgeuntersuchungen lasse ich lieber in Berlin machen. Schon vor Wochen habe ich Termine ausgemacht, sicherheitshalber. Gerade habe ich die Unterlagen für die Steuererklärung zusammengesucht. Mein Urlaubskalender wird immer voller.

Die Kinder halten sich gleich den ersten Abend frei, am zweiten bin ich zum Tennis verabredet, am Wochenende besucht uns meine Mutter im Garten, und auch meine Schwiegermutter und meine Tochter werden, in alter Tradition, dort mit uns ihren Geburtstag feiern. Alle freuen sich darauf. Und auch ich freue mich natürlich. Erholen kann ich mich ja dann in Tel Aviv.

Schreib mir von deinem Urlaub, liebe Yael!

Deine Anja

Berlin, 10.8.2019

Liebe Anja,
Ich weiß genau, was du meinst, wenn du von »Urlaub« in der Heimat erzählst. Wir fahren meistens im Winter in die »Heimat«, wo wir dann, genau wie ihr in Berlin, von einem Treffen oder Termin zum nächsten hasten, und das ist ziemlich ermüdend. Hoffentlich bist du nicht die ganze Zeit herumgerannt, sondern konntest dich auch ein bisschen an den zauberhaften kühlen Seen Brandenburgs erholen und dein schönes Wohnviertel genießen.

Wir hatten einen wunderbaren Urlaub in Griechenland – alles dank der Berliner Eiseskälte. An einem fernen Abend Mitte Januar, als uns schier die Nase abfror, verfielen Aharon und ich in eine krampfhafte Suche nach der perfekten Villa zum Auftauen, wenn es Sommer würde. Wir klickten uns von Villa zu Villa und von Strand zu Strand, wähnten uns an den Gestaden von Sardinien, Istanbul, Portugal. Schon das Internetsurfen selbst wärmte uns ein bisschen den Abend, und dann verkündete Aharon triumphierend, das ideale Haus gefunden zu haben: eine Villa am Meer an der Ostküste von Rhodos! Wir prüften die Flugpreise und buchten, wie gute Deutsche, unseren Urlaub sieben Monate im Voraus.

In der ersten Woche waren wir dort nur mit meinen Eltern und Aharons Mutter. In der zweiten Woche kam Michael, mein bester Freund seit der ersten Schulklasse, mit seiner Frau und den drei Kindern dazu. Michael ist eine Ausnahmegestalt in meinem Leben. Ich vertraue ihm, als wäre er mein großer Bruder, liebe ihn zutiefst schon 33 Jahre, auch wenn wir uns selten sprechen und uns nur alle paar Jahre sehen.

Meine Mutter, die Michael noch von damals kennt, als wir in der zweiten Klasse ein »Paar« waren, hatte ihn ein paar Monate zuvor bei einer Veranstaltung getroffen und ihm vorgeschlagen, mit in den Urlaub zu kommen. Am nächsten Tag schrieb er mir eine Nachricht, er habe Flüge nach Rhodos gebucht und sie würden vollzählig anrücken. Das fühlte sich völlig natürlich an, obwohl wir uns, recht bedacht, vor circa fünf Jahren zum letzten Mal gesehen hatten.

Damals steckte ich in einer Serie von Chemotherapien und war für eine MRT-Untersuchung einbestellt. Ich hatte Angst, allein hinzugehen, weil man lange reglos in der monströsen Maschine liegen muss, und all das bei den schlimmen Brechanfällen, die ich von den Behandlungen bekam. Meine Mutter war für derartige Aufträge ungeeignet, Aharon hütete die Kinder, und ich weiß nicht mehr, wo die übrigen Verwandten steckten, jedenfalls war Michael der Einzige, den ich dabeihaben wollte. Ich schickte ihm eine kurze Nachricht, und er stand prompt auf der Matte. Er holte mich ab, nahm mich in den Arm, lächelte, half und brachte mich wieder nach Hause.

An dem Tag, an dem Michael mit Familie ankommen sollte, wachte ich morgens mit der Erinnerung an jene Untersuchung auf, wie kaputt ich damals gewesen war. Ich war benommen, aufgeregt, froh, Michael unter erfreulicheren Umständen zu treffen. Eine ganze Woche, im Urlaub, mit der ganzen Familie. Sie kamen am Sonntagabend: Michael, seine hübsche Frau Dana und ihre reizenden Kinder, Itamar neun Jahre, Liya sieben, und Julie fünf. Im Nu freundeten sich die drei ganz natürlich mit unseren beiden an. Itamar, Michaels Großer, beeindruckte mich am meisten. Wann immer ich ihn anblickte, traten mir Tränen in die Augen. Er war echt ein kleiner Michael – seine Schultern, die Brust, sein Gang, das Gute in seinen Augen, die Intelligenz, die Männlichkeit, verbunden mit Einfühlsamkeit, die Redegewandtheit, die soziale Kompetenz. Ich wusste wieder, warum ich Michael von Anfang an geliebt hatte und ihn bis heute meinen besten Freund nenne.

Nach meiner Ankunft in Berlin bin ich geradewegs zur Arbeit zurückgekehrt, in eine auf allen Gebieten stressige Zeit. Der Urlaub in Griechenland sieht aus wie ein ferner Traum, obwohl kaum eine Woche vergangen ist.

Deine Yael

Kein Abschiedsbrief

Liebe Yael,
stell dir vor, ich habe gerade noch einmal alle unsere Briefe gelesen. Vom Moment, als ich zwischen den Koffern in unserer Berliner Küche saß, bis zur Einschulungsfeier deines Sohnes. Anderthalb Jahre liegen dazwischen. So lange bin ich jetzt hier, in deiner Heimat. Damals, in meiner Berliner Küche, hätte ich vieles darum gegeben, in die Zukunft zu schauen, ins Heute, um zu sehen, ob mich das Land, der Konflikt, das Leben am Meer verändert, ob ich es hier überhaupt aushalte, ob man an einem fremden Ort eine neue Heimat finden kann.

Ich weiß nicht, ob es zu früh ist, eine Antwort zu geben. Vielleicht, denn um ehrlich zu sein, habe ich zwei Antworten. Eine lautet: Es war schwer. Die andere: Ich war glücklich hier.

Klingt wie ein Gegensatz, ist aber die Geschichte meines Lebens.

Ich komme aus Ostberlin, meine Kindheit war wie ein Leben auf dem Dorf. Aufgewachsen bin ich am Nöldnerplatz in einem Haus, das Ende der 20er-Jahre von Bruno Ahrends, einem deutsch-jüdischen Architekten, gebaut wurde. Wir wohnten in der vierten Etage. Zweieinhalb Zimmer, Wohnküche, Bad, Balkon, vor dem Fenster eine große Kastanie. Die Straßen waren mit Kopfsteinen gepflastert. Es gab kleine Geschäfte, eine Drogerie, einen Bäcker, einen Fleischer, einen Tierladen, eine Bibliothek. Mit unseren Nachbarn, Kirchenmusikern, feierten wir Geburtstage und veranstalteten Hauskonzerte. Ich spielte Blockflöte.

Meine Schule befand sich in einem sozialistischen Vorzeigeneubauviertel. Ich fuhr morgens vier Stationen mit dem Bus hin und nachmittags vier Stationen wieder zurück. In dem Haus hinter der Haltestelle stand ein Spanner am Fenster. Fast jeden Tag stand er da. Meine Mutter zeigte ihn an. Die Polizei sagte ihr, der Mann sei nicht gefährlich.

Ich fuhr nicht gerne allein im Bus. Ich fuhr überhaupt nicht gerne allein weg. Mit sieben verlief ich mich auf einer Schulfahrt im Wald, wurde von einem Ehepaar bei der Polizei abgegeben und von der Lehrerin mit Stubenarrest bestraft, weil ich mich unerlaubt von der Gruppe entfernt hatte. Als ich neun war, sollte ich das erste Mal ins Ferienlager fahren. Am Treffpunkt, wo ich mich von meiner Mutter verabschiedete, stiegen mir die Tränen in die Augen, ich wollte sofort wieder umkehren, zurück nach Hause, schaffte es aber dann doch irgendwie, in den Bus zu steigen. Er fuhr los, hinter der Scheibe glitten die winkenden Eltern vorbei und all die anderen vertrauten Eckpunkte meines Lebens: der S-Bahnhof, der Schreibwarenladen, die Eisdiele. Ich hatte das Gefühl, das alles das letzte Mal im Leben zu sehen. Aber dann passierte etwas Seltsames. Je weiter der Bus rollte, desto besser ging es mir. Meine Augen trockneten, der Kloß im Hals löste sich auf. Am Ende des Ferienlagers wollte ich gar nicht mehr nach Hause.

So war es von nun an jedes Mal, wenn ich mein Zuhause verließ. Abschied tat weh, hieß aber auch Aufbruch, war ein Versprechen auf etwas Neues, Aufregendes. Bevor die Mauer fiel, war ich in Kiew, Moskau, Krakau, Prag, Budapest, Sofia. Ich schlief in Zügen, übernachtete auf Parkbänken und in durchnässten Zelten. Kaum war die Mauer gefallen, brach ich in den Westen auf: Bochum, Dortmund, Stuttgart, Bodensee, die Schweiz. Im Sommer 1990 verschob ich die Trennung von meinem Freund, weil er mich fragte, ob ich mit ihm nach Frankreich fahren wolle. Als Alex mich ein paar Jahre später mit der Nachricht überraschte, er habe ein Stipendium in North Carolina bekommen, stand fest, ich komme mit.

Alex war noch mehr vom Fernweh geplagt als ich, vor allem Amerika faszinierte ihn. Er sammelte amerikanische Bundesstaaten, bis heute macht er das. Hawaii fehlt ihm noch, sonst war er überall, die Kinder und ich sammeln mit. An jedem neuen Ort, an den wir kamen, stellten wir uns vor, hier zu leben, zu arbeiten, unsere Kinder großzuziehen. Wir standen vor Maklerbüros, sahen uns Wohnungsanzeigen an und überschlugen die Kosten. In unserer Fantasie zogen wir nach Portugal, Italien, Frankreich, Russland, kauften Häuser in Florida, Maine, Philadelphia, San Francisco. Wir kosteten unsere neuen Freiheiten aus, aber unsere Reisen um die Welt waren auch Ausdruck einer gewissen Heimatlosigkeit.

Ich war froh, dass die Mauer gefallen war, aber im wiedervereinigten Deutschland fühlte ich mich nicht gleich zu Hause. Ich hatte mir das Leben in dem neuen Land so vorgestellt wie die ersten Monate nach dem Mauerfall in Ostberlin, wild, anarchisch, mit neuen Chancen für jeden und der Möglichkeit, alles in Frage zu stellen. Westdeutsche diskutieren leidenschaftlich, sagen aber nicht unbedingt, was sie denken. Ostdeutsche halten lange mit ihrer Meinung hinterm Berg zurück, aber irgendwann platzt ihnen der Kragen, und sie lassen alles raus, was sie auf dem Herzen haben. Die direkte, unverblümte Art der Israelis kommt mir in dieser Beziehung sehr entgegen.

Mein Vater, ein Chemiker, verlor Anfang der Neunzigerjahre seine Arbeit, meine Freundin Simone verlor den

Halt und nahm sich das Leben. Durch das Viertel meiner Kindheit am Nöldnerplatz zogen Neonazis, die kleinen Geschäfte schlossen. Meine Mutter und ihre Nachbarn suchten sich Wohnungen in anderen Vierteln. Mein Großvater musste seinen Garten aufgeben, in dem ich als Kind die Sommer verbracht hatte. Alex und ich, jung genug für einen Neuanfang, beschrieben in unseren Texten die Veränderungen in der Gesellschaft. Über Zeitungsanzeigen fanden wir Frauen in den Fünfzigern, die gerade ihre Arbeit verloren hatten und sich nun als Kindermädchen oder Haushaltshilfen etwas dazuverdienen wollten. Manche brachten ihre Männer mit, damit die zu Hause nicht so allein rumsitzen mussten. Mein arbeitsloser Schwiegervater baute uns die Küche um, mein arbeitsloser Vater holte unseren Sohn aus der Kita ab. Ich ging sechs Monate nach der Geburt meines Sohnes wieder arbeiten, 40 Stunden pro Woche, viele Überstunden. In meiner westdeutschen Redaktion war ich die einzige Mutter mit kleinem Kind.

Ich lebte zwei Leben in einem: das der werktätigen Ostdeutschen, die früh eine Familie gründete, und das der unabhängigen Westfrau, die Karriere machte und um die Welt reiste. Es war ein aufregendes und anstrengendes Leben. Von den tollen Neunzigern in Berlin, von denen heute alle schwärmen, weil man damals so günstig in großen Prenzlauer Berger Gründerzeitbauten leben und jede Nacht eine andere Party besuchen konnte, bekam ich nicht viel mit.

1999 zogen wir nach New York. Es war Alex' Traum gewesen, und als er ein Angebot als Korrespondent bekam, packten wir unsere Sachen zusammen, gaben die Wohnung auf, stiegen mit Kindern und Kater ins Flugzeug. Mit jeder Meile, die wir uns von Berlin entfernten, hatte ich das Gefühl, mich von einer Last zu befreien.

New York, die Einwandererstadt, machte es uns leicht. Hier war es normal, neu anzufangen. Hier gingen jüdische, muslimische, christliche Kinder zusammen zur Schule. Meine Freundin Debbie kam aus einer ungarisch-jüdischen Familie, meine Freundin Tinna aus Schweden, in meiner Englisch-Klasse auf dem Baruch-College lernten Frauen und Männer aus Russland, Japan, Polen, Frankreich. Ich war eine von ihnen.

In der Ferne schrumpften die Probleme, die mich in Deutschland beschäftigt hatten. Wenn ich nach Berlin flog, kam mir die Stadt leer und langsam vor. Aber das änderte sich bei jedem Besuch. Die Straßen wurden voller, das Leben quirliger und internationaler, ein bisschen wie New York. Die Wälder von Pennsylvania erinnerten mich an den Thüringer Wald, die Seen von Cape Cod an Brandenburg.

Nach sieben Jahren rissen wir uns von New York los und gingen zurück. Wir zogen nach Prenzlauer Berg. Das Bötzowviertel mit seinen kleinen Läden, den Cafés, dem Kino und dem Park erinnerte uns an unser Viertel in Brooklyn. Als Alex' Eltern bald darauf ihren Garten in Brandenburg aufgeben wollten, zögerte ich keinen Moment. Dieser kleine Bungalow im Wald zwischen zwei Seen war der Ort, nach dem ich so lange gesucht hatte. Ein Platz im Niemandsland mit den Gerüchen meiner Kindheit und den Vögeln und Pflanzen aus dem Garten meiner Großeltern.

Die Fassade des Hauses verkleideten wir mit Holz, rissen Wände raus, bauten neue Fenster ein. Der DDR-Bungalow meiner Schwiegereltern erinnert heute mehr an die Hütte auf Fire Island, in der wir die heißen New Yorker Sommer verbrachten. Wenn ich hier ankomme, aus dem Auto steige, den weichen Waldboden betrete und zum See hinunterlaufe, wird mir leicht ums Herz, und ich will nie wieder weg. Gerade als wir mit dem Umbau fertig waren, erhielt Alex von seiner Redaktion das Angebot, nach Israel zu ziehen. Ich erzählte meinem Chefredakteur davon, in der Annahme, er werde sowieso Nein sagen. Stattdessen sagte er, die Korrespondentenstelle der Berliner Zeitung werde auch gerade frei.

Israel! Das erste Mal waren wir mit Freunden aus Berlin und New York hier gewesen, hatten das ganze Land bereist, die Negev-Wüste, die Golanhöhen, Tel Aviv und Jerusalem. Eine atemberaubende Rundfahrt, bei der wir von den Problemen in der Region nur am Rande etwas mitbekamen. Das war bei meinem zweiten Besuch, einer Fahrt mit der Bundeszentrale für politische Bildung, anders. Zehn Tage zwischen Israel und den besetzten Gebieten, zehn Tage hin- und hergerissen sein zwischen zwei scheinbar unversöhnlichen Völkern, zehn Tage Konfrontation mit der deutschen Geschichte, die auch meine eigene war.

Wir konnten gar nicht ablehnen. Wir mussten das machen. Wieder Kisten packen, wieder Wohnung vermieten, wieder Abschied nehmen, diesmal auch von unseren Kindern, die in Berlin studierten und arbeiteten. Nur unseren Kater nahmen wir mit und den Vorsatz, nicht länger als zwei Jahre zu bleiben.

Das war vor anderthalb Jahren, den Rest kennst du ja. Israel hat es uns nicht so leicht gemacht. Es ist das wahrscheinlich schönste Land, das ich kenne, das aufstrebendste, stolzeste und verletzlichste. Selten habe ich mich so sicher und unsicher zugleich gefühlt, so zerrissen und überfordert, noch nie habe ich es so verflucht, auf Dolmetscher angewiesen zu sein und nicht die Zwischentöne zu verstehen, auf die es ankommt, wenn man die Wirklichkeit beschreiben will.

Dreimal in der Woche lerne ich Hebräisch, als würde

ich für immer bleiben wollen. Der Unterricht gibt mir das Gefühl, für ein paar Stunden an einem Ort zu sein, wo ich Dinge lerne, die klaren Regeln folgen, und wo ich das Chaos um mich herum vergessen kann. Müsste ich einen Ort in Israel nennen, an dem ich mich ein bisschen wie zu Hause fühle, dann gehörte dieser Klassenraum dazu. Genau wie die Carroll Street in Brooklyn, wo ich mit Alex und den Kindern die wohl sieben glücklichsten Jahre meines Lebens verbracht habe, wie das Haus am Nöldnerplatz, in dem ich aufgewachsen bin, wie der Waldboden in Brandenburg, auf dem ich zur Ruhe komme, und die Straße im Prenzlauer Berg, wo ich von meinem Fenster aus in deines sehen kann.

Wenn ich in Berlin lande, mit dem Taxi vom Flughafen in die Innenstadt fahre, fällt mir auf einmal wieder ein, dass ihr ja auch hier seid, du und Aharon und die Kinder, dass ich, wenn ich bald wieder hier wohne, einfach nur über die Straße gehen muss, um dich zu sehen. Das hätte ich natürlich auch früher machen können, aber jetzt ist da noch etwas anderes zwischen uns, so ein Verständnis, das entsteht, wenn man sich bestimmte Dinge nicht mehr erklären muss. Ich kenne deine Eltern, dein Haus, deine Sprache, ich war am Strand, an den du so gerne schwimmen gehst und wo dein erstes Plattencover entstand. Ich habe deine Freunde getroffen, deine Großmutter, deine Brüder. Ich ahne, wovor du weggelaufen bist und was du in deinem neuen Leben aus deinem alten vermisst, und ich beneide dich nicht um die Entscheidung, die du irgendwann treffen wirst: gehen oder bleiben.

Ich wünsche mir natürlich, dass du bleibst, dass wir beide in Berlin bleiben. Während ich um die Welt gereist bin, um eine Heimat zu finden, ist Berlin zur Weltstadt geworden, einem Ort, an dem es sich gut aushalten lässt. Und falls du doch eines Tages in deine Heimat zurückgehen solltest, schreiben wir uns eben wieder Briefe. Nur andersherum. Du schreibst mir aus Tel Aviv, und ich schreibe dir aus Berlin.

Deine Anja

Liebe Anja,
schon anderthalb Jahre lang geben wir eine Art Wendespiegel füreinander ab. Du spiegelst dich inmitten meiner Heimat, und ich spiegele mich in deiner. Wie schön, dass wir uns in dieser Zeit gegenseitig beobachten konnten. Unsere Briefe fliegen hin und her und wenden das Bild wieder und wieder. Zweifellos betrachte ich die Dinge anders seit meinem Umzug nach Berlin – besonders auch dank unserer Briefe. Ich versuche zu verstehen, was das eigentlich bedeutet: Was ist diese »Heimat«, in die ich derzeit, bei aller Liebe, nicht zurückkehren möchte? Was ist deine »Heimat«, in der wir uns bald auf einen Kaffee an der Straßenecke treffen können? Wie wirkt all das darauf ein, welche Bedeutung das Wort »Heimat« einmal für meine Kinder haben wird?

Ich bin in einem kleinen Dorf, fünfzehn Kilometer nördlich von Tel Aviv, nahe dem Meer geboren und aufgewachsen, in ebendem Haus und Hof, wo meine Mutter geboren wurde und seit jeher lebt: zwei hübsche Häuschen auf einem Grundstück von zwei Dunam (zwanzig Ar) auf einer kleinen Anhöhe. Unser Haus stand auf dem unteren Teil des Hofes, weiß gestrichen, mit einem Flachdach, auf dem wir in unserer Kindheit viel Zeit verbrachten. Etwas oberhalb stand das Haus der Großeltern, ebenfalls weiß, aber mit rotem Ziegeldach.

Im Hof gibt es einen Mangobaum, der üppig Früchte trägt, so schmackhaft, wie ich sonst noch keine Mangos gegessen habe, einen herrlich duftenden Zitronenbaum und einen mächtigen Pekannussbaum, der das Gesamtbild je nach Jahreszeit verändert. Im Winter ist er kahl, im Frühling glänzend grün mit gelben Blüten, im Sommer dunkelt sein Grün, im Spätsommer ist der ganze Hof übersät mit Nüssen, und die Kinder kommen mit Plastiksäckchen an, um sie aufzulesen, im Herbst verschwindet der Rasen völlig unter einer bunten Laubschicht – und der Jahreslauf beginnt von Neuem.

Meine Großeltern erhielten den kleinen Pekannusssetzling, nachdem Mutters älterer Bruder Yossi im Jom-Kippur-Krieg umgekommen war. Freunde brachten ihn zur Trauerwoche, und an deren Ende pflanzten sie ihn auf dem Hof ein. Heute ist er ein gesunder und kräftiger Baum, der genau in der Mitte zwischen den beiden Häusern steht und den ganzen Hof einnimmt. Auf dem Rasen liegen und in die Zweige des guten Pekannussbaums hochgucken ist eine meiner Lieblingsbeschäftigungen, egal zu welcher Jahreszeit. Es gibt auch einen alten Fikusbaum; einmal kam jemand, um sein Alter zu bestimmen, und sagte uns, er sei 400 Jahre alt. Man sieht in seinem Geäst noch die Reste des Baumhauses, das Yossi als Kind gebaut hat, und darüber die Reste des Baumhauses, das mein Bruder und ich errichtet haben. Das neuste in der Reihe ist das komfortable Baumhaus, das mein Vater vor einigen Jahren für seine ersten Enkelkinder gezimmert hat.

Als mein Bruder und ich noch klein waren, saßen wir in den Pessach-Ferien auf dem Baum und ließen ein Körbchen runter, das Mutter uns mit schokoladebestrichenen Matzen füllte. Das war ein Spaß. Hinter dem Haus wachsen wilde Feigenkakteen. Zu gegebener Zeit setzt Vater eine Mütze auf, zieht Handschuhe an und geht ernten. Danach müssen die reifen Feigen gewaschen und aus ihrer stacheligen Schale gelöst werden. Schließlich tut man sie in eine große Schüssel und stellt sie in den Kühlschrank. Ein paar Stunden später, wenn die Kaktusfeigen schön kalt sind, machen sich alle darüber her, der Geschmack ist himmlisch.

Auf diesem Hof bin ich mit meinen beiden Geschwistern, meinen Eltern und Großeltern groß geworden, umgeben von ein paar guten Nachbarn. Ich hatte eine glückliche Kindheit, fühlte mich als der sicherste Mensch auf Erden.

Heute, rückblickend, erkenne ich, dass die Lage, im Vergleich zu anderen Orten, etwas vielschichtiger aussah. Ich weiß, als ich zwei Jahre alt war, hat mein Vater im ersten Libanonkrieg gedient, und wir waren allein mit unserer Mutter. Ich erinnere mich an den Golfkrieg und begreife, dass ich erst elf Jahre alt war, als wir bei jedem Gang die Gasmaske dabeihaben und nachts oft mit der ganzen Familie in einem kleinen Luftschutzraum sitzen mussten, bis es im Radio hieß, dass keine Raketen mehr fielen, und wir wieder zum Schlafen in unsere Zimmer gehen konnten. Ich erinnere mich an die Busanschläge in Tel Aviv, an den Rabin-Mord, denke an die eingefleischte Wachsamkeit, mit der ich jeden Aufenthaltsort nach verdächtigen Gegenständen absuche. Ich erinnere mich, dass mein Vater als Reservesoldat einmal die Woche einen Übungsflug ableistete.

Aber damals, als kleines Mädchen, fand ich das alles nicht besonders extrem oder angsterregend. Es war einfach Teil meines täglichen Lebens, das sonst um Singen, Spielen, Familie, Strand und viel gutes Essen kreiste.

Von Geburt an bis nach dem Wehrdienst aß ich fast ausnahmslos in Großmutters Küche zu Mittag. Jeden Tag kochte sie frisch und schmackhaft für uns: Pasta mit Olivenöl und Schafskäse, Schnitzel, Auberginen, gefüllte

Paprika, Fleischbällchen mit Reis und viele andere gute Dinge. Und dann erst die Festessen freitagabends, abwechselnd bei meiner Großmutter und bei uns, mit der ganzen Familie.

Bei dem Wort »Heimat« denke ich daher, ehrlich gesagt, nicht an Israel oder an Tel Aviv, ja nicht mal an das Dorf, in dem ich aufgewachsen bin. Das Einzige, was mir dazu einfällt, ist die Familie und unser Hof: der Pekannussbaum, der in Trauer gepflanzt wurde und an dem später lachende Kinder schaukelten, der grasbewachsene Hang zwischen den beiden Häusern, den ich täglich hundertmal auf- und abrannte, meine Eltern. Ich wurde in meine Familie hineingeboren und bin darin aufgewachsen. Das Schicksal wollte es, dass die Familie und der Hof sich mitten im Nahen Osten befinden, mit allem, was sich daraus ergibt. Aber für mich ist das rein zufällig.

Außerhalb des Horts der Familie fühlte ich mich im Dorf nicht ganz zugehörig. Es gab eine einzige Schule, von der ersten bis zur neunten Klasse, nur eine Klasse pro Jahrgang. Ich war insgesamt beliebt, aber nicht so recht wie alle anderen. Alle Mädchen kamen in weißen Bodys in die Ballettstunde und ich in einem fliederfarbenen, in der Woche darauf trugen alle anderen schwarze Leggings und ich weiße. Irgendwie passte ich nie ganz in die Landschaft. Viele Häuser im Dorf waren riesig, gehörten reichen Leuten, aber unseres nicht. Mit den meisten Kindern ringsum fand ich kaum Gemeinsamkeiten. Daher bat ich meine Eltern, auf eine Schule in Tel Aviv wechseln zu dürfen. Ich wollte ein musisches Gymnasium besuchen. Damals konnte ich kein Instrument spielen, wertete Singen nicht als musikalische Begabung, brillierte auch nicht besonders im Tanzen oder Malen. Deshalb setzte ich auf das Theater. Ich dachte, der Theaterzweig sei der einzige, bei dem ich Chancen hätte, angenommen zu werden. Und so war es. Die Eltern unterstützten mich, und im Alter von vierzehn Jahren wechselte ich auf das Gymnasium 1 mitten in Tel Aviv, in den Theaterzweig. Ich erinnere mich, dass die Kinder aus dem Dorf meinen Schulwechsel nach Tel Aviv als Fahnenflucht werteten, als würde ich sie im Stich lassen, als ginge mein Fortschreiten auf ihre Kosten. Ich habe das damals nicht verstanden, und ehrlich gesagt, verstehe ich es bis heute nicht. Aber wenn ich jetzt auf ähnliche Reaktionen bei anderen Menschen (aus Israel) über unseren Umzug nach Berlin stoße, überrascht es mich nicht mehr.

Es gibt einen unklaren Verhaltenskodex in Israel, den viele hochhalten, anscheinend infolge der Traumata von Flucht und Migration, verbunden mit der Militärerziehung oder womit auch immer, und dieser Kodex lautet: »Man läuft nicht weg.«

Zum Glück bin ich mir immer treu geblieben, ohne mich durch die Kritik aus dem »Dorf« beirren zu lassen. Ich wechselte auf die Schule in Tel Aviv. Morgens nahm mich mein Großvater, der in der Stadt arbeitete, im Auto mit, zurück fuhr ich mit öffentlichen Verkehrsmitteln. Vom ersten Augenblick an fühlte ich mich in der neuen Schule wohl, vor allem weil meine Mitschüler sehr unterschiedliche Typen waren. Einige jobbten nachmittags, um zur Ernährung der Familie beizutragen, einige kamen von außerhalb wie ich, manche waren irre, manche schüchtern, einige hassten ihre Eltern und kifften – kurz gesagt, ein wilder Haufen Heranwachsender. Ich lernte dort meine beste Freundin, Shirley, kennen, die für mich bis heute wie Familie ist, und dort traf ich erstmals auch den, der schließlich die Liebe meines Lebens werden sollte – Aharon. Wir alle hatten etwas gemeinsam: Wir wollten auf ein musisches Gymnasium, teilten den Drang, uns durch einen Kunstzweig auszudrücken.

Ich spürte, dass uns etwas Wahres verband, etwas, was über den »Ort« hinausreichte.

Gleich nach dem Abitur trat ich meinen Wehrdienst an und fühlte mich wieder nicht zugehörig. Staunend sah ich, mit welcher Leichtigkeit die meisten anderen die Spielregeln der israelischen Armee akzeptierten. Mir machte dieses Spiel kein Vergnügen, denn nichts passte mir daran: Uniform anziehen, mich in der Grundausbildung anbrüllen lassen, eine Waffe tragen, Kaffee für den Vorgesetzten kochen – ich konnte es nicht ausstehen. Ich diente in der Armee, weil ich einen Piloten zum Vater und einen Offizier zum Bruder hatte und weil mein Onkel mit 21 Jahren im Krieg für das Land gefallen war und ich es eindeutig für meine Pflicht hielt. Aber ich kann kaum sagen, dass ich mich dort als Teil des Ganzen fühlte, und gewiss konnte ich dem Geschehen keinen Sinn abgewinnen. Nicht, dass ich heute wesentlich mehr davon verstehe.

Kurz nach der Entlassung aus dem Wehrdienst übersiedelte ich zum Musikstudium nach New York. Ich kam zwei Wochen vor Beginn des Studienjahrs an und erinnere mich, dass ich mit der New Yorker U-Bahn nach Mid-Town fuhr, um mir ein elektrisches Klavier zu kaufen, und unterwegs dachte, dass nichts, was ich hier tun oder lassen würde, irgendwie auf diese Megastadt einwirken könnte. Ich kam mir so klein und unbedeutend vor. Doch überraschenderweise machte das Fremdheitsempfinden bald einem starken Gefühl der Befreiung Platz, und damit kam auch der Mut, ich selbst zu sein, ohne irgendwem Rechenschaft ablegen zu müssen. Letzten Endes genoss ich jeden Augenblick. Und doch wusste ich, dass ich nach dem Studium heimkehren würde.

Mit 24 Jahren kam ich zurück nach Tel Aviv, diesmal in eine Wohnung für mich. Ich war verrückt auf Tel Aviv.

Ich lernte viele tolle neue Leute kennen, arbeitete an meinem ersten Album, trat häufig auf – im Keller des Nationaltheaters, der heute nicht mehr existiert. Es war ein guter Ort. Zuerst wohnte ich allein, dann mit Aharon, und ehe wir's uns versahen, waren wir 35 Jahre alt mit zwei kleinen Kindern, nach zwei schrecklichen Jahren mit Krankheit und Chemotherapien, Geldproblemen, Gluthitze, Verkehrsstaus, Luftverschmutzung, Raketenalarm, Bibi – und genug! Wir zogen die Reißleine.

Da ich schon früher einige Zeit im Ausland gelebt hatte, glaubte ich kaum, dass es für lange sein könnte. Ich betrachtete es als eine gewisse Auszeit zur Selbstsuche an einem neutralen Ort, in dem Bemühen, ein neues Kapitel anzufangen, Kräfte zu sammeln – und dann nichts wie zurück.

Aber ich hatte nicht einkalkuliert, dass ich nicht mehr allein war, dass Familie an sich schon ein Heim ist. Unsere Familie ist sichtlich die »Heimat« unserer Kinder. Und so geschah es, dass diese »Heimat« sich schon seit drei Jahren in Berlin-Prenzlauer Berg befindet, mit allem, was das mit sich bringt.

Beide Kinder sind zwar in Israel geboren, waren aber noch klein, als wir umzogen, David fünf und Benjamin zweieinhalb Jahre alt. Zuhause sprechen wir nur Hebräisch, doch David äußert sich in Geschichten und Gedichten, die er auf Deutsch und Englisch schreibt, und Benjamin wird in zwei Wochen eine große Schultüte zu einem Ereignis tragen, das keinerlei Ähnlichkeit mit den Einschulungsritualen in Israel hat. Deine Straße wird für die Kinder mit der Zeit der Ort, an dem sie aufwachsen. Die Kirschbäume werden für sie zunehmend das, was der Pekannussbaum für mich war.

Wie lange werden wir in Berlin bleiben? Wo ziehen wir von dort hin? Ich habe keine Ahnung. Wir müssen jeder in sich und in den anderen hineinhorchen, dann wird das Leben uns schon den Weg weisen.

Jedenfalls möchte ich vorschlagen, dass wir uns auch nach deiner Rückkehr weiter Briefe schreiben. Wir könnten zu Stift und Papier übergehen und sie als Papierflieger von Balkon zu Balkon werfen. Ich habe mich daran gewöhnt, dich an meinem Alltag zu beteiligen. Wenn wir uns nicht mehr schreiben, werde ich dich mehr vermissen, wenn du in der Nähe bist.

Deine Yael